Alan Daniel Litwin

Eucaristia e Contrastes - Confissão da Guanabara e Igrejas Reformadas

Alan Daniel Litwin

Eucaristia e Contrastes - Confissão da Guanabara e Igrejas Reformadas

A prática da Eucaristia em algumas Igrejas Reformadas Brasileiras

CREDO EDICIONES

Imprint
Any brand names and product names mentioned in this book are subject to trademark, brand or patent protection and are trademarks or registered trademarks of their respective holders. The use of brand names, product names, common names, trade names, product descriptions etc. even without a particular marking in this work is in no way to be construed to mean that such names may be regarded as unrestricted in respect of trademark and brand protection legislation and could thus be used by anyone.

Cover image: www.ingimage.com

Publisher:
CREDO EDICIONES
ist ein Imprint der / is a trademark of
International Book Market Service Ltd., member of OmniScriptum Publishing Group
17 Meldrum Street, Beau Bassin 71504, Mauritius

Printed at: see last page
ISBN: 978-613-1-43966-7

ÍNDICE

A Eucaristia na Confissão de Fé da Guanabara: Sua teologia e a teologia em nas Igrejas Presbiterianas Independentes do Brasil radicadas em São Paulo

Alan Daniel Litwin([1])

INTRODUÇÃO

A 7 de março de 1557, aportava na baía de Guanabara um certo grupo de calvinistas franceses. A vinda desses huguenotes derivou de uma curiosa combinação de motivos. Nicolau Durand de Villegaignon buscava fortuna e fama no Novo Mundo. A França estava em busca de novos territórios. João Calvino e os huguenotes tencionavam responder a um desafio missionário de levar as Boas Novas de Cristo ao Novo Mundo. Finalmente, o almirante huguenote Gaspar de Coligny, via na empreita possibilidade de asilo aos protestantes franceses, que estavam sofrendo perseguição na França. Sob tal ótica, buscou auxílio junto a Henrique II, que colocou à disposição de Villegaignon dois navios armados e mais dez mil libras. (HAHN, 2011, p.65)

O fato é que, principalmente, os huguenotes encontraram na Bahia de Guanabara uma acirrada perseguição em vista da fé reformada que proferiam.

Tal perseguição foi encabeçada pelo próprio almirante francês já citado, Nicolau Durand Villegaignon, e culminou na morte daqueles huguenotes que não conseguiram escapar da empreita católica. Foram eles: Jean de Bourdel, Matthieu Verneuil, Pierre Bourdon e André La Fon.

---

[1] Alan Daniel Litwin, nasceu em São Paulo, Brasil, em 1978, cidadão brasileiro e polonês. É músico, empresário e reverendo na Igreja Presbiteriana Independente do Brasil. É graduado em Teologia pela Universidade Presbiteriana Mackenzie (2011) e pela Faculdade de Teologia de São Paulo (2013). É mestrando em Ciências da Religião pela Universidade Presbiteriana Mackenzie com a dissertação " Igreja Apostólica: Origens históricas, expansão e características (1954-2018)".

Villegaignon era católico, de extremo rigor, e gozava de plena confiança e prestígio na corte de Francisco II. Seu desejo era transformar a ilha em uma verdadeira réplica de Paris.

De início, superadas as intempéries da aventura náutica, Villegaignon se mostrou simpático aos huguenotes. Entretanto, com o passar dos dias, suas divergências acerca das doutrinas daqueles calvinistas foram se aclarando, em especial com relação a questão da celebração da Santa Ceia do Senhor, o que culminou na expulsão daqueles para o continente.

Considerando-se impossibilitados de dar continuidade à sua empreita, aqueles huguenotes compraram passagens em um navio neutro francês, o Jacques, que havia aportado para suprimentos e reparos. Contudo, em que pese a tentativa de regressarem à sua pátria, no início de 1558, é certo que, pouco depois de sua partida, o Jacques começou a submergir, o que fez com que cinco daqueles calvinistas tomassem voluntariamente o bote salva-vidas a fim de voltar à ilha, aliviando assim a carga da embarcação, bem como o peso do escasso suprimento de víveres.

Após doze dias de lutas contra tempestades e fome, Jean de Bourdel, Matthieu Verneuil, Pierre Bourdon, André La Fon e Jacques Balleur conseguiram retornar à terra e, sob acusação de traição e espionagem, foram presos.

Entrementes, receberam do almirante um questionário sobre pontos teológicos nevrálgicos, com parcas horas para respondê-los. Tais respostas ficariam conhecidas como *Confissão de Fé da Guanabara* ou *Confissão Fluminense.*

As questões principais consideradas na referida Confissão correspondem a:

1. Doutrina da Trindade, com especial ênfase quanto a questão de Cristo (divino e humano);
2. Doutrina dos sacramentos da Santa Ceia do Senhor e Batismo;
3. Livre arbítrio;
4. Autoridade dos ministros para perdoar pecados, bem como quanto a imposição de mãos;
5. Divórcio, casamento de religiosos e votos de castidade;
6. Intercessão dos santos e oração pelos mortos.

A *Confissão de Fé da Guanabara*, além de uma belíssima defesa de fé daqueles huguenotes, riquíssima em detalhes, seria também a sentença de morte daquele pequeno grupo.

Considerados como hereges, a 9 de fevereiro de 1558, o almirante ordenou a execução de três deles, quais sejam Jean de Bourdel, Matthieu Verneuil e Pierre Bourdon.

André Lafon, porquanto hesitante quanto às suas convicções, bem como pelo fato de que se tratava do único alfaiate da colônia, foi poupado.

Jaques Le Balleur, que conseguira fugir, posteriormente foi capturado na Bahia e executado no Rio de Janeiro.

Não é pretensão neste trabalho tratar a respeito de todas as questões esposadas na *Confissão de Fé da Guanabara*, nem tampouco discorrer acerca da retidão ou não de qualquer uma delas à luz das Sagradas Escrituras, mas, sim, verificar possíveis distanciamentos entre o sacramento da Santa Ceia ali defendido e a prática do mesmo em algumas comunidades de fé reformada, de tradição calvinista, objeto da presente pesquisa.

Para tanto, por proêmio, traçaremos uma relação entre dois modelos de Santa Ceia, demonstrando suas disparidades.

O primeiro, postulado à *Confissão de Fé da Guanabara*, demonstra uma clara preocupação com a questão nevrálgica defendida por João Calvino, em especial com relação às figuras do pão e do vinho.

Neste sentido, Calvino postulou que a natureza do sacramento requer que o pão e vinho materiais devem permanecer como sendo pão e vinho, ultimando como um sinal visível do corpo e do sangue de Cristo.

Calvino seguiu o exemplo de seu amigo Martin Bucer, o reformador de Estrasburgo, que tomava uma posição intermediária entre Lutero e Zwínglio. Nestes termos, Calvino defendia uma presença real de Cristo na comunhão, contudo, espiritual.

Ou seja, o sacramento não se trata de um mero símbolo ou exercício de devoção. Antes, ocorre uma verdadeira ação por parte de Deus em benefício da igreja que participa da comunhão. No ato da comunhão, pelo poder do Espírito Santo, os crentes são remetidos ao céu, e participam com Cristo de uma antecipação do banquete celestial (GONZÁLEZ, 1995, p. 117-118).

Já no segundo modelo, postulado por Zwínglio, em oposição a Lutero, verifica-se especial ênfase na questão memorial do sacramento da Santa Ceia.

Enquanto Lutero cria na presença fática e real de Cristo nos elementos da Eucaristia, Zwínglio defendia que os elementos materiais, bem como a ação física que os acompanhava, não passavam de símbolos ou sinais de realidade espiritual.

Tal posicionamento decorria de sua interpretação das palavras proferidas por Jesus, quais sejam: "Isto é o meu corpo". Para ele, tal afirmação apontaria para o fato de que Cristo quis dizer: "Isto significa meu corpo".

Este trabalho, portanto, tem como escopo demonstrar que algumas das principais características do sacramento da Santa Ceia defendida à própria morte por aqueles três mártires da baía de Guanabara, que seguiam os ensinos de João Calvino, por algumas das igrejas reformadas ora analisadas, foram simplesmente abandonadas.

Para atingir o alvo pretendido, percorrendo outros textos relativos ao período da Reforma Protestante, especialmente relacionados a João Calvino e seus seguidores, procuraremos responder se há, de fato, uma distinção tão grande entre o entendimento do sacramento da Santa Ceia fundamentado na *Confissão de Fé da Guanabara* e o entendimento verificado na prática das Igrejas Reformadas calvinistas objeto da presente pesquisa.

Ainda, propomos verificar quando e por que teria se dado esta distinção, e se a mesma teria origem dentro dessas próprias igrejas Reformadas.

Finalmente, analisaremos se a discussão em tela é relevante ao cristão reformado, em nosso atual quadro brasileiro, mediante evidente contextualização, ou deve ser relativizada em virtude de outras tônicas do sacramento da Santa Ceia.

As questões suscitadas serão analisadas à luz da literatura cristã reformada, com busca da origem e desenvolvimento das controvérsias sobre a Eucaristia, apontando ainda, os motivos do abandono - ainda que parcial - do modelo da Santa Ceia calvinista, defendido na *Confissão de Fé da Guanabara*, na prática das igrejas Reformadas calvinistas objeto da presente pesquisa.

Finalmente, discorreremos sobre a relevância do tema em nosso atual quadro brasileiro, haja vista a necessidade do resgate da presença espiritual real de Jesus Cristo na Eucaristia, que defere real sentido a esse sacramento.

A metodologia adotada para desenvolvimento do presente trabalho será observada através de pesquisas documentais e bibliográficas, pesquisas na internet e visitação a algumas igrejas presbiterianas independentes do Brasil, especificamente radicadas na cidade de São Paulo.

1. A CONFISSÃO DE FÉ DA GUANABARA

1.1. Panorama histórico

Para uma melhor compreensão do ambiente e das demais ocorrências que culminaram na confecção da Confissão de Fé de Guanabara, faz-se mister um breve preâmbulo da história religiosa no Brasil.

1.1.1. A gênese da história religiosa no Brasil

Na perspectiva protestante ou evangélica, nas palavras de Hahn, (2011, p.38-39), a história religiosa do Brasil pode ser dividida em três períodos principais, quais sejam:

a. Domínio Católico Romano Português com ocasionais contatos protestantes – de 1500 a 1654.

   a.1. Protestantes ocasionais como soldados, marinheiros, caçadores de fortuna, exilados políticos, náufragos, etc.

   a.2. Tentativa francesa de colonização – de 1550 a 1560.

   a.3. Tentativa holandesa de colonização – de 1630 a 1654.

b. Domínio Católico Romano Português com contatos protestantes não-significativos – de 1654 a 1808.

c. Penetração Protestante – de 1808 em diante.

c.1. Imigrantes protestantes e igrejas dentro de colônias de imigração, *tolerados* dentro de certas limitações – de 1808 a 1855.

c.2. Início do trabalho missionário protestante entre os brasileiros de língua portuguesa, ainda dentro do sistema de *tolerância* com certas limitações – de 1855 a 1889.

c.3. Proclamação da República: separação entre Igreja e Estado com *total liberdade religiosa* garantida pela Constituição – de 1889 em diante.

O Brasil, no início, se tratava de uma colônia esquecida de Portugal. Isto porque ainda não produzia nada de mais interessante, como ouro, prata e diamantes. Naquela oportunidade, as Cortes de Lisboa estavam muito mais ocupadas em calcular os lucros obtidos com as especiarias, pedras preciosas e sedas da Índia, e em recolher tributos das fabulosas cidades do oriente, que faziam parte de seu domínio.

É certo que a suntuosidade da Índia Oriental ofuscava um Brasil que, a despeito, não possuía palácios magníficos e nem antigas cidades, mas apenas selvagens nus, pau-brasil e terreno para plantação de cana-de-açúcar. Parcas expedições de exploração foram enviadas ao longo das suas costas, alguns exilados políticos foram abandonados em um e outro lugar, e apareceram, esporadicamente, alguns caçadores de fortunas.

A referida situação começou a ser alterada a partir de 1532. Por um lado, houve considerável majoração nos lucros obtidos com o pau-brasil, o que fez com que Lisboa passasse a olhar para o Brasil de uma forma distinta. Outra questão, ainda mais importante, correspondeu ao fato de que a Espanha descobrira ouro em suas colônias, e estava à procura de mais, enviando expedições conjuntas para maior apoio.

Navios franceses percorriam a costa carregando pau-brasil e, em 1530, haviam destruído guarnições portuguesas em Pernambuco.

Esse conjunto de fatores fez com que Lisboa se posicionasse a fim de que a colônia não permanecesse mais abandonada, sob pena de perdê-la.

A 1532, fundou-se São Vicente, por Martin Afonso de Sousa, sendo este o primeiro estabelecimento permanente no Brasil, além de Piratininga, princípio da cidade de São Paulo.

Em 1533, o Brasil foi dividido em doze capitanias, que se estendiam para o interior até a linha demarcatória do Tratado de Tordesilhas. Cada uma dessas capitanias era doada a um nobre português, que detinha determinados privilégios econômicos e políticos, além de claras responsabilidades.

A cada um desses capitães, ou donatários, era possibilitado governar como um verdadeiro monarca dentro de seus domínios.

O grave problema que enfrentavam era com relação à mão-de-obra, já que os índios escravizados eram deveras improdutivos, e o comércio de escravos africanos estava apenas em seu início.

Diante de uma série de problemas no sistema de capitanias, e considerando ainda – e principalmente – a necessidade de um forte sentido de unidade para defender a terra contra as ameaças da França, em 1549, Lisboa limitou o poder dos donatários, nomeando um governante geral, Tomé de Sousa, fazendo da Bahia a capital de um Brasil Unido.

As embarcações que trouxeram o novo oficial, trouxeram também, entre outros, seis membros da recém organizada Companhia de Jesus (jesuítas). Eram estes especialmente comissionados para trabalhar entre os índios, contudo, travaram frequentes e amargas disputas com o clero secular indisciplinado, nas capelas coloniais das grandes fazendas.

O período de 1557 a 1567 aponta para os franceses e sua tentativa de estabelecer uma colônia na região que hoje é o Rio de Janeiro. A ausência de planejamento e as disputas teológicas comprometeram totalmente esse esforço e, em 1567, os franceses foram expulsos à integralidade da região sul do Brasil.

1.1.2. A vida religiosa no Brasil antes de 1810

A viagem de Pedro Álvares Cabral, que resultou na descoberta oficial do Brasil, começou com um serviço religioso. Houve missa solene na capela inacabada do mosteiro de Belém, assistida pelo rei D. Manoel, pelos grandes da corte e pelo povo. As velas dos navios da expedição ostentavam a cruz da Ordem de Cristo. A montanha avistada quarenta e quatro dias após a descoberta oficial, em 22 de abril de 1500, foi chamada de Monte Pascal, já que era Páscoa.

Quatro dias mais tarde, foi celebrada a primeira missa no Brasil. A 1º de maio, foi celebrada a posse da ilha, terra ou continente, em nome de Cristo e do rei, batizando-se ali como Ilha de Vera Cruz. Outros eventos análogos seguiam pelo Novo Mundo.

Os oito franciscanos que teriam vindo com Cabral para este Novo Mundo, foram também com ele em direção às Índias, contudo, posteriormente, outros vieram para o Brasil.

Em 1532, Gonçalo Coelho, que era padre secular, e outros dois franciscanos, vieram para São Vicente com Martin Afonso de Souza, o fundador da cidade.

Vale dizer, entretanto, que não obstante tais fatores, de uma maneira geral, as colônias eram espiritualmente esquecidas. O fato é que as antigas colônias albergavam elevado número de exilados políticos e criminosos comuns. Seus padres, frequentemente, eram homens aos quais tinha sido oferecida a alternativa de serem excomungados pelos seus crimes, ou virem ao Brasil, como missionários.

> Os sacerdotes que vieram para dar assistência a eles eram 'padres' culpados de flagrantes violações das leis, aos quais era oferecida a escolha entre serem 'excomungados' e presos e virem ser missionários no Brasil. (HAHN, 2011, p. 40)

E não é só.

> Tanto exilados como sacerdotes estavam num clima tropical, separados em grande parte das mulheres portuguesas, mas rodeados de formosas e disponíveis donzelas índias e negras. Eles eram muitíssimo viris e inteiramente sem leis. Gilberto Freyre os descreve assim: 'Garanhões desenfreados é o que eles eram, procriando dissolutamente com índias e negras sob o ar morno do Brasil. Criminosos ou não, foram egoístas errantes que tornaram a vida dos donatários infeliz'. De qualquer modo, foi se desenvolvendo um padrão de vida que acarretaria sérias consequências para a vida social e religiosa do Brasil nos séculos seguintes. (idem, p. 40)

Conforme já citado, em 1549, Tomé de Souza foi nomeado governador-geral do Brasil. Desembarcou na Bahia a 29 de março daquele ano, com seis navios e mil homens, dos quais quatrocentos eram exilados e seis eram jesuítas.

Enquanto os jesuítas estavam especialmente incumbidos a evangelizar os índios, os padres seculares tinham a responsabilidade de cuidar do bem-estar espiritual dos colonos.

Instauraram-se amargas disputas entre os senhores de terra, padres seculares e capelães-de-fazenda de um lado, e os jesuítas de outro. Ao contrário do que pode parecer, não se tratava de um conflito entre o capitalismo dos senhores das terras e a "pobreza" da Ordem, já que os jesuítas se tornaram, rapidamente, grandes fazendeiros que possuíam, inclusive, escravos africanos e índios convertidos em regime de trabalho de semi-escravidão.

A luta se deu, sobretudo, porquanto os jesuítas eram mais conscientes da moralidade e da disciplina, além de serem melhores teólogos.

Em grande parte, a história da Igreja Católica no Brasil, nos primeiros séculos, corresponde a história das capelas de fazenda e de seus capelães. (idem, p.59)

O catolicismo brasileiro emerge do catolicismo português. Este último se distanciou claramente do catolicismo espanhol, já que se apresentou mais humano, influenciado pelos mouros, amoldado pela sensualidade norte-africana e voluptuosidade muçulmana. (Gilberto Freyre apud Hahn, p. 59)

Além disso, no Brasil, esse catolicismo albergou também aspectos de cultos de antepassados.

> Nas capelas das fazendas, lado a lado com as imagens dos santos, ficavam os retratos dos membros falecidos da família. Seus nichos se tornaram relicários onde velas eram queimadas e preces eram feitas. No fim do século XIX, as paredes destas capelas apresentavam quadros de

> heróis e revolucionários da França, dos Estados Unidos e também do Brasil. (idem, p. 61)

E é neste espírito que Hahn titula por "catolicismo familiar", que basicamente tudo era balizado pelo catolicismo: as plantações, as festas de colheita, a moagem da cana, entre outros. Os capelães ensinavam aos filhos dos patriarcas o latim, as rezas e o catecismo. Havia ainda missas todos os domingos nas capelas, e os escravos eram catequizados.

Ao lado do "catolicismo familiar" estava aquele mais romano ensinado pelas Ordens aos índios e nas escolas. Em que pese o impacto sofrido por ambos no século XIX, sobretudo a partir da descoberta dos veios de ouro, quando o ceticismo e ateísmo ingressaram no Brasil, é certo que aquele chamado por "familiar" se amoldou mais às superstições dos índios e à religião dos africanos.

E isto porque, este catolicismo não era tão intransigente com relação ao dogma, bem como tampouco observava qualquer puritanismo em sua conduta.

Em vista desse posicionamento bem mais flexível, e diante desse novo ambiente, deflagrou-se um claro sincretismo. Além de adotar a crença dos indígenas relativas a espíritos de floresta e outros, raramente esse catolicismo se posicionou contra a crueldade dos senhores para com os escravos, contra a poligamia de brancos e escravos, tampouco com relação a maldade das esposas e mães brancas contra as amantes negras de seus maridos.

Ademais, a carência de padres, conforme já destacado, favoreceu a figura do sacristão, rezador, benzedor, bem como o desenvolvimento de uma *"folk-religion"*[2] brasileira, com o nome de catolicismo.

1.2. A tentativa do estabelecimento de uma colônia francesa protestante no Brasil e os motivos que levaram à elaboração da *Confissão de Fé da Guanabara*

Conforme já citado, entre 1557 e 1567 os franceses intentaram estabelecer uma colônia no Brasil. A intenção era fundar a França Antártica.

Jean de Léry (2007) nos relata que, em 1555, Nicolas Durand de Villegaignon, cavaleiro da Ordem de Malta, manifestou a diversos personagens notáveis de seu reino, um antigo desejo de se retirar para um país longínquo, no qual pudesse livremente servir a Deus de acordo com o evangelho reformado, bem como preparar um refúgio para todos que desejassem fugir às perseguições instauradas na Europa.

Seu desejo era aportar no Brasil para sua empreita, haja vista os relatos acerca da beleza e fertilidade que essa nova terra possuía. Com esse pretexto, obteve opinião favorável de alguns fidalgos adeptos à religião reformada, os quais pactuavam com os sentimentos que Villegaignon externava, almejando também para eles um retiro semelhante.

---

[2] Conforme Hanh (2011, p. 61), o desenvolvimento de uma *"folk-religion"* leiga tem afinidades com o movimento dos Irmãos na Holanda, e serviu como uma espécie de preparação para as igrejas protestantes.

Entre eles estava o almirante da França, Gaspar de Coligny, que em vista de sua influência junto ao rei Henrique II, e confiante na empreita de Villegaignon, intercedeu junto àquele, asseverando que a viagem poderia culminar no descobrimento de inúmeras riquezas e tantas outras coisas de proveito para o rei.

Interessado na empreita, o monarca consentiu com seu pedido.

Assim, o soberano ordenou que lhe dessem dois bons navios aparatados e providos de artilharia, além de dez mil francos para despesas com a viagem.

Antes de sua partida da França, Villegaignon prometeu a alguns dos que o acompanhariam que fundaria um puro serviço de Deus no lugar que se estabelecesse. Após angariar os necessários marinheiros e artesãos, partiu do Havre em 15 de julho de 1555, chegando ao Brasil em 10 de novembro após diversas dificuldades e tormentas. Na expedição foram incluídos alguns artesãos e certo número de criminosos, que seriam necessários para os trabalhos.

Aportando, alojou-se em um rochedo que os indígenas chamavam de Guanabara. Contudo, foi expulso dali pelo mar, avançando quase uma légua[3] em busca de terra, acomodando-se em uma ilha deserta. Nesta, após desembarcar sua artilharia e demais bagagens, iniciou a construção de um forte, a fim de garantir-se contra os selvagens e contra os portugueses que viajavam para o Brasil, os quais já possuíam diversas fortalezas nessa terra.

Fingindo seu zelo cristão, por meio de um dos seus navios que regressavam à França, escreveu e mandou por um deles um emissário a Genebra para requisitar ministros religiosos para o ajudarem em sua empreita.

---

[3] Antiga medida de extensão, variável segundo os países (no Brasil, de 6.000 a 6.600 metros). *Dicionário da Língua Portuguesa.* São Paulo: Companhia Melhoramentos, 2000.

Ainda, e principalmente, para prosseguimento de sua obra, que desejava levar adiante com total emprego, requeria que lhe enviasse também outras pessoas bem instruídas na religião cristã, com a finalidade de melhor reformar a si e aos seus, abrindo ainda aos selvagens o caminho da salvação.

Ao receber suas cartas e requerimentos, a Igreja de Genebra alegrou-se, haja vista a emancipação do reino de Jesus Cristo em lugares tão longínquos. Entusiasmado, o senhor Du Pont decidiu atender as solicitações de Villegaignon, abandonando todos os seus outros negócios, deixando até mesmo filhos e sua família.

Esmeraram-se então em encontrar ministros da palavra de Deus. Alguns bachareis que estudavam teologia em Genebra, os ministros Pedro Richier e Guilherme Chartier, prometeram que, se a igreja os considerasse aptos à empreita, estavam à disposição para o serviço cristão no Novo Mundo.

Após arguidos pelos ministros de Genebra, sendo considerados aptos, aceitaram partir, juntamente com o senhor Du Pont, para se unirem a Villegaignon, com a finalidade de anunciar o evangelho de Jesus Cristo na América.

Era ainda necessária a reunião de outros personagens instruídos nos principais pontos da fé, além dos artesãos práticos quanto aos seus ofícios, tal como requerera Villegaignon. De forma absolutamente honesta, Du Pont alertou os entusiastas acerca das privações que estes viveriam na América, o que fez com que muitos se recusassem a se alistar e embarcar naquela viagem.

Após muita insistência, alguns mais corajosos se apresentaram para acompanhar Du Pont, Pedro Richier e Guilherme Chartier, quais sejam: Pedro Bourdon, Mateus Verneuil, João de Bordel, André Lafon, Nicolau Denis,

João Gardien, Martin David, Nicolau Raviquet, Nicolau Carmeau, Jaques Rousseau e João de Léry.

Eram ao todo cerca de trezentos homens que partiram de Genebra em 16 de setembro de 1556, aportando ao Rio de Janeiro em 07 de março de 1557.

A viagem foi deveras atribulada. Tormentas, fortíssimo calor, parcas refeições, ausência de água potável, entre outras intempéries, até que foi possível o desembarque na ilha e forte de Coligny. Ali, livres dos perigos da viagem, aqueles homens deram graças a Deus, e foram encontrar Villegaignon, que os saudou cordialmente e com muita alegria, afirmando-se como um pai para aqueles.

Unidos todos em uma pequena sala existente no meio da ilha, os ministros Pedro Richier e Guilherme Chartier celebraram o primeiro serviço religioso realizado em solo brasileiro, a 10 de março de 1557. Invocaram a Deus e cantaram em coro o Salmo de número cinco, após o que foram proferidas as palavras constantes do Salmo vinte e sete. Terminadas as preces conforme ritual das igrejas reformadas da França, fixando-se ainda para elas um dia da semana, findou-se a reunião.

Aqueles homens recém-chegados jantaram naquele dia naquela mesma sala. Seu alimento consistiu em farinha feita de raízes, peixe moqueado, além de outras raízes assadas. Sua bebida, água que era recolhida da chuva, de péssima aparência. Após isso, relata Jean de Léry:

> Como sobremesa própria para refazer-nos dos trabalhos do mar mandaram-nos carregar pedras e terra para as obras do forte Coligny, que se achava em construção. Esse foi o bom tratamento que nos deu Villegaignon desde o primeiro dia de nossa chegada. (LÉRY, 2007, p. 86)

E ainda:

> Assim, já de chegada e nos dias seguintes, sem necessidade nenhuma e sem nenhuma atenção ao estado de debilidade que nos encontrávamos por causa da viagem, sem consideração ao calor que faz no país, nem à parca alimentação que tínhamos, de duas medidas de farinha de raízes, que comíamos seca ou em papa feita com a água suja das cisternas, obrigou-nos Villegaignon a carregar terra e pedras para o seu fortim e isso desde a madrugada até à noite, apesar de nossa fraqueza, o que por certo constituía um tratamento mais rude do que fora de esperar de um pai. (idem, p. 86-88)

Em seus relatos, Léry faz questão de destacar o caráter dissimulado de Villegaignon desde o início, o qual, sob a pseudo-intenção de promover o reino de Jesus Cristo na terra do Brasil, intentava, na verdade, promover um reino autóctone sob seus cuidados, divorciado da coroa francesa, valendo-se daqueles entusiastas apenas como mão-de-obra.

Em 21 de março celebrou-se a Santa Comunhão, observando-se a simplicidade da Igreja Reformada da França. Foi quando Villegaignon e o ex-dominicano João Cointac professaram publicamente sua fé nos Símbolos da Igreja Reformada da França, e abjuraram sua antiga fé no papismo.

Em princípio, Villegaignon não se opôs à simplicidade do ofício da comunhão. Cointac, entretanto, não pôde pactuar com aquele modelo. Criticou a ausência das vestimentas apropriadas, dos vasos sagrados, do pão não-fermentado e da mistura da água com vinho (HANN, 2011, P. 65).

Sob tais aspectos, Chartier e Richier afirmavam de forma veemente que as Escrituras não ensinavam tais coisas, e que eles pretendiam obedecer aos ditames de Jesus Cristo revelado no texto bíblico. Destacaram ainda naquela oportunidade, que aqueles colonos haviam aceitado que a colônia seria dirigida de acordo com os ensinamentos de Genebra, esta era a regra.

A maioria dos colonos manteve-se ao lado daqueles ministros. Villegaignon, contudo, filiou-se às proposições de Cointac. Dessa divergência nasceu uma amarga contenda que culminaria na morte de alguns daqueles huguenotes.

A celebração dos sacramentos foi proibida por Villegaignon e, posteriormente, a pregação. Foram também sobrestadas as reuniões de oração até que a divergência fosse solucionada pela Sorbonne e Genebra.

Foi então que, em 04 de junho, Chartier foi enviado de volta à França, em um navio carregado de pau-brasil e outras mercadorias do país. Foi ele incumbido de obter instruções dos doutores acerca da contenda ali instaurada, principalmente a de João Calvino, a cujo parecer dizia Villegaignon querer submeter-se. (LÉRY, 2007, P. 95).

Contudo, nesse meio tempo as tensões foram tomando dimensões insustentáveis, e após a ceia de Pentecostes, Villegaignon declarou expressamente ter mudado de opinião com relação a João Calvino, e resolvendo não aguardar resposta à consulta feita por intermédio de Chartier, declarou-o herege e divorciado da fé. Ainda, naquela oportunidade, houve por bem expulsar os protestantes da ilha para o continente.

Aqueles huguenotes compraram passagem num navio neutro francês, chamado Jaques, que aportara anteriormente com suprimentos. Pouco tempo após sua partida, referido navio começou a submergir, o que fez com que cinco daqueles calvinistas tomassem voluntariamente o bote salva-vidas para retornar à terra, com vistas a aliviar a carga e o peso do escasso suprimento de víveres.

Esses cinco homens, Jean Du Bordell (João de Bordel), Mattieu Verneuil (Mateus Verneuil), Pierre Bourdon (Pedro Bourdon), André La-Fon (André Lafon) e Jacques Le Balleur, após doze dias de lutas contra tempestades e fome, conseguiram retornar a terra, e ali chegando, foram aprisionados por Villegaignon.

Após aprisioná-los, Villegaignon apresentou-lhes uma série de questões teológicas, exigindo que os mesmos elaborassem resposta escrita em doze horas.

É importante mencionar que aqueles cinco homens eram leigos, contudo, não hesitaram em redigir suas respostas de forma clara, especificamente no tocante ao que criam a respeito dos Sacramentos, de Deus, do homem, de Jesus Cristo, do casamento, do juramento, da mediação de Jesus Cristo e da vida após a morte. (HANN, 2011, P. 65).

Após a leitura das declarações daqueles cinco homens, Villegaignon exigiu imediata retratação, sob pena de morte. Entretanto, eles não hesitaram. Passaram a noite cantando salmos e se encorajando mutuamente.

Pela manhã, Bordell, Verneuil e Bourdon foram covardemente estrangulados e lançados ao mar. André La-fon, porquanto se tratava do único alfaiate da colônia, foi poupado, sob promessa de não propagar suas opiniões religiosas.

Balleur escapou, continuando sua atividade missionária por algum tempo. Posteriormente, foi detido pela Inquisição e executado em 1567.

Com isto, findaram-se as esperanças de uma colônia francesa protestante no Brasil.

1.3. O documento

Vimos anteriormente os motivos que levaram aqueles cinco huguenotes a redigirem sua declaração de fé.

Passamos agora à reprodução da *Confissão de Fé da Guanabara*:

> Segundo a doutrina de S. Pedro Apóstolo, em sua primeira epístola, todos os cristãos devem estar sempre prontos para dar razão da esperança que neles há, e isso com toda a doçura e benignidade, nós abaixo assinados, Senhor de Villegaignon, unanimemente (segundo a medida de graça que o Senhor nos tem concedido) damos razão, a cada ponto, como nos haveis apontado e ordenado, e começando no primeiro artigo:
>
> I. Cremos em um só Deus, imortal, invisível, criador do céu e da terra, e de todas as coisas, tanto visíveis como invisíveis, o qual é distinto em três pessoas: o Pai, o Filho e o Santo Espírito, que não constituem senão uma mesma substância em essência eterna e uma mesma vontade; o Pai, fonte e começo de todo o bem; o Filho, eternamente gerado do Pai, o qual, cumprida a plenitude do tempo, se manifestou em carne ao mundo, sendo concebido do Santo Espírito, nasceu da virgem Maria, feito sob a lei para resgatar os que sob ela estavam, a fim de que recebêssemos a adoção de próprios filhos; o Santo Espírito, procedente do Pai e do Filho, mestre de toda a verdade, falando pela boca dos profetas, sugerindo as coisas que foram ditas por nosso Senhor Jesus Cristo aos apóstolos. Este é o único Consolador em aflição, dando constância e perseverança em todo bem.
>
> Cremos que é mister somente adorar e perfeitamente amar, rogar e invocar a majestade de Deus em fé ou particularmente.
>
> II. Adorando nosso Senhor Jesus Cristo, não separamos uma natureza da outra, confessando as duas naturezas, a saber, divina e humana nele inseparáveis.

III. Cremos, quanto ao Filho de Deus e ao Santo Espírito, o que a Palavra de Deus e a doutrina apostólica, e o símbolo,[3] nos ensinam.

IV. Cremos que nosso Senhor Jesus Cristo virá julgar os vivos e os mortos, em forma visível e humana como subiu ao céu, executando tal juízo na forma em que nos predisse no capítulo vinte e cinco de Mateus, tendo todo o poder de julgar, a Ele dado pelo Pai, sendo homem.

E, quanto ao que dizemos em nossas orações, que o Pai aparecerá enfim na pessoa do Filho, entendemos por isso que o poder do Pai, dado ao Filho, será manifestado no dito juízo, não todavia que queiramos confundir as pessoas, sabendo que elas são realmente distintas uma da outra.

V. Cremos que no santíssimo sacramento da ceia, com as figuras corporais do pão e do vinho, as almas fiéis são realmente e de fato alimentadas com a própria substância do nosso Senhor Jesus, como nossos corpos são alimentados de alimentos, e assim não entendemos dizer que o pão e o vinho sejam transformados ou transubstanciados no seu corpo, porque o pão continua em sua natureza e substância, semelhantemente ao vinho, e não há mudança ou alteração.

Distinguimos todavia este pão e vinho do outro pão que é dedicado ao uso comum, sendo que este nos é um sinal sacramental, sob o qual a verdade é infalivelmente recebida. Ora, esta recepção não se faz senão por meio da fé e nela não convém imaginar nada de carnal, nem preparar os dentes para comer, como santo Agostinho nos ensina, dizendo: 'Porque preparas tu os dentes e o ventre? Crê, e tu o comeste'.

O sinal, pois, nem nos dá a verdade, nem a coisa significada; mas Nosso Senhor Jesus Cristo, por seu poder, virtude e bondade, alimenta e preserva nossas almas, e as faz participantes da sua carne, e de seu sangue, e de todos os seus benefícios.

Vejamos a interpretação das palavras de Jesus Cristo: 'Este pão é meu corpo'. Tertuliano, no livro quarto contra Marcião, explica estas palavras assim: "este é o sinal e a figura do meu corpo."

S. Agostinho diz: 'O Senhor não evitou dizer: — Este é o meu corpo, quando dava apenas o sinal de seu corpo'.

Portanto (como é ordenado no primeiro cânon do Concílio de Nicéia), neste santo sacramento não devemos imaginar nada de carnal e nem nos distrair no pão e no vinho, que nos são neles propostos por sinais, mas levantar nossos espíritos ao céu para contemplar pela fé o Filho de Deus, nosso Senhor Jesus, sentado à destra de Deus, seu Pai.

Neste sentido podíamos jurar o artigo da Ascensão, com muitas outras sentenças de Santo Agostinho, que omitimos, temendo ser longas.

VI. Cremos que, se fosse necessário pôr água no vinho, os evangelistas e São Paulo não teriam omitido uma coisa de tão grande conseqüência.

E quanto ao que os doutores antigos têm observado (fundamen-tando-se sobre o sangue misturado com água que saiu do lado de Jesus Cristo, desde que tal observância não tem fundamento na Palavra de Deus, visto mesmo que depois da instituição da Santa Ceia isso aconteceu), nós não podemos hoje admitir necessariamente.

VII. Cremos que não há outra consagração senão a que se faz pelo ministro, quando se celebra a ceia, recitando o ministro ao povo, em linguagem conhecida, a instituição desta ceia literalmente, segundo a forma que nosso Senhor Jesus Cristo nos prescreveu, admoestando o povo quanto à morte e paixão do nosso Senhor. E mesmo, como diz santo Agostinho, a consagração é a palavra de fé que é pregada e recebida em fé. Pelo que, segue-se que as palavras secretamente pronunciadas sobre os sinais não podem ser a consagração como aparece da instituição que nosso Senhor Jesus Cristo deixou aos seus apóstolos, dirigindo suas palavras aos seus discípulos presentes, aos quais ordenou tomar e comer.

VIII. O santo sacramento da ceia não é alimento para o corpo como para as almas (porque nós não imaginamos nada de carnal, como declaramos no artigo quinto) recebendo-o por fé, a qual não é carnal.

IX. Cremos que o batismo é sacramento de penitência, e como uma entrada na igreja de Deus, para sermos incorporados em Jesus Cristo. Representa-nos a remissão de nossos pecados passados e futuros, a qual é adquirida plenamente, só pela morte de nosso Senhor Jesus.

De mais, a mortificação de nossa carne aí nos é representada, e a lavagem, representada pela água lançada sobre a criança, é sinal e selo do sangue de nosso Senhor Jesus, que é a verdadeira purificação de nossas almas. A sua instituição nos é ensinada na Palavra de Deus, a qual os santos apóstolos observaram, usando de água em nome do Pai, do Filho e do Santo Espírito. Quanto aos exorcismos, abjurações de Satanás, crisma, saliva e sal, nós os registramos como tradições dos homens, contentando-nos só com a forma e instituição deixada por nosso Senhor Jesus.

X. Quanto ao livre arbítrio, cremos que, se o primeiro homem, criado à imagem de Deus, teve liberdade e vontade, tanto para bem como para mal, só ele conheceu o que era livre arbítrio, estando em sua integridade. Ora, ele nem apenas guardou este dom de Deus, assim como dele foi privado por seu pecado, e todos os que descendem dele, de sorte que nenhum da semente de Adão tem uma centelha do bem.

Por esta causa, diz São Paulo, o homem natural não entende as coisas que são de Deus. E Oséias clama aos filho (sic) de Israel: 'Tua perdição é de ti, ó Israel'. Ora isto entendemos do homem que não é regenerado pelo Santo Espírito.

Quanto ao homem cristão, batizado no sangue de Jesus Cristo, o qual caminha em novidade de vida, nosso Senhor Jesus Cristo restitui nele o livre arbítrio, e reforma a vontade para todas as boas obras, não todavia em perfeição, porque a execução de boa vontade não está em seu poder, mas vem de Deus, como amplamente este santo apóstolo declara, no sétimo capítulo aos Romanos, dizendo: 'Tenho o querer, mas em mim não acho o realizar'.

O homem predestinado para a vida eterna, embora peque por fragilidade humana, todavia não pode cair em impenitência.

A este propósito, S. João diz que ele não peca, porque a eleição permanece nele.

XI. Cremos que pertence só à Palavra de Deus perdoar os pecados, da qual, como diz santo Ambrósio, o homem é apenas o ministro; portanto, se ele condena ou absolve, não é ele, mas a Palavra de Deus que ele anuncia.

Santo Agostinho, neste lugar diz que não é pelo mérito dos homens que os pecados são perdoados, mas pela virtude do Santo Espírito. Porque o Senhor dissera aos seus apóstolos: 'recebei o Santo Espírito'; depois acrescenta: 'Se perdoardes a alguém os seus pecados', etc.

Cipriano diz que o servo não pode perdoar a ofensa contra o Senhor.

XII. Quanto à imposição das mãos, essa serviu em seu tempo, e não há necessidade de conservá-la agora, porque pela imposição das mãos não se pode dar o Santo Espírito, porquanto isto só a Deus pertence.

No tocante à ordem eclesiástica, cremos no que S. Paulo dela escreveu na primeira epístola a Timóteo, e em outros lugares.

XIII. A separação entre o homem e a mulher legitimamente unidos por casamento não se pode fazer senão por causa de adultério, como nosso Senhor ensina (Mateus 19:5). E não somente se pode fazer a separação por essa causa, mas também, bem examinada a causa perante o magistrado, a parte não culpada, se não podendo conter-se, deve casar-se, como São Ambrósio diz sobre o capítulo sete da Primeira Epístola aos Coríntios. O magistrado, todavia, deve nisso proceder com madureza de conselho.

XIV. São Paulo, ensinando que o bispo deve ser marido de uma só mulher, não diz que não lhe seja lícito tornar a casar, mas o santo apóstolo condena a bigamia a que os homens daqueles tempos eram muito afeitos; todavia, nisso deixamos o julgamento aos mais versados nas Santas Escrituras, não se fundando a nossa fé sobre esse ponto.

XV. Não é lícito votar a Deus, senão o que ele aprova. Ora, é assim que os votos monásticos só tendem à corrupção do verdadeiro serviço de Deus. É também grande temeridade e presunção do homem fazer votos além da medida de sua vocação, visto que a santa Escritura nos ensina que a continência é um dom especial (Mateus 15 e 1 Coríntios 7). Portanto, segue-se que os que se impõem esta necessidade, renunciando ao matrimônio toda a sua vida, não podem ser desculpados de extrema temeridade e confiança excessiva e insolente em si mesmos.

E por este meio tentam a Deus, visto que o dom da continência é em alguns apenas temporal, e o que o teve por algum tempo não o terá pelo resto da vida. Por isso, pois, os monges, padres e outros tais que se obrigam e prometem viver em castidade, tentam contra Deus, por isso que não está neles o cumprir o que prometem. São Cipriano, no capítulo onze, diz assim: 'Se as virgens se dedicam de boa vontade a Cristo, perseverem em castidade sem defeito; sendo assim fortes e constantes, esperem o galardão preparado para a sua virgindade; se não querem ou não podem perseverar nos votos, é melhor que se casem do que serem precipitadas no fogo da lascívia por seus prazeres e delícias'. Quanto à passagem do apóstolo S. Paulo, é verdade que as viúvas tomadas para servir à igreja, se submetiam a não mais casar, enquanto estivessem sujeitas ao dito cargo, não que por isso se lhes reputasse ou atribuísse alguma santidade, mas porque não podiam bem desempenhar os deveres, sendo casadas; e, querendo casar, renunciassem à vocação para a qual Deus as tinha chamado, contudo que cumprissem as promessas feitas na igreja, sem violar a promessa feita no batismo, na qual está contido este ponto: 'Que cada um deve servir a Deus na vocação em que foi chamado'. As viúvas, pois, não faziam voto de continência, senão porque o casamento não convinha ao ofício para que se apresentavam, e não tinha outra consideração que cumpri-lo. Não eram tão constrangidas que não lhes fosse antes permitido casar que se abrasar e cair em alguma infâmia ou desonestidade.

Mas, para evitar tal inconveniência, o apóstolo São Paulo, no capítulo citado, proíbe que sejam recebidas para fazer tais votos sem que tenham a idade de sessenta anos, que é uma idade normalmente fora da incontinência. Acrescenta que os eleitos só devem ter sido casados uma vez, a fim de que por essa forma, tenham já uma aprovação de continência.

XVI. Cremos que Jesus Cristo é o nosso único Mediador, intercessor e advogado, pelo qual temos acesso ao Pai, e que, justificados no seu sangue, seremos livres da morte, e por ele já reconciliados teremos plena vitória contra a morte.

Quanto aos santos mortos, dizemos que desejam a nossa salvação e o cumprimento do Reino de Deus, e que o número dos eleitos se complete; todavia, não nos devemos dirigir a eles como intercessores para obterem alguma coisa, porque desobedeceríamos o mandamento de Deus. Quanto a nós, ainda vivos, enquanto estamos unidos como membros de um corpo, devemos orar uns pelos outros, como nos ensinam muitas passagens das Santas Escrituras.

XVII. Quanto aos mortos, São Paulo, na Primeira Epístola aos Tessalonicenses, no capítulo quatro, nos proíbe entristecer-nos por eles, porque isto convém aos pagãos, que não têm esperança alguma de ressuscitar. O apóstolo não manda e nem ensina orar por eles, o que não teria esquecido se fosse conveniente. S. Agostinho, sobre o Salmo 48, diz que os espíritos dos mortos recebem conforme o que tiverem feito durante a vida; que se nada fizeram, estando vivos, nada recebem, estando mortos.

Esta é a resposta que damos aos artigos por vós enviados, segundo a medida e porção da fé, que Deus nos deu, suplicando que lhe praza fazer que em nós não seja morta, antes produza frutos dignos de seus filhos, e assim, fazendo-nos crescer e perseverar nela, lhe rendamos graças e louvores para sempre. Assim seja. Jean du Bourdel, Matthieu Verneuil, Pierre Bourdon, André la Fon.[4]

---

[4] Disponível em <http://www.monergismo.com/textos/credos/confissao_guanabara.htm>. Acesso em 09.Mai.2012

Em que pese a riqueza dessa confissão de fé, no presente trabalho, conforme já disposto, balizaremos a presente pesquisa apenas nas questões suscitadas nos artigos V a VIII do documento, concernentes ao sacramento da Santa Ceia.

1.3.1. A doutrina da Santa Ceia defendida na *Confissão de Fé da Guanabara*

No tocante à Santa Ceia, inicialmente, no artigo V, aqueles huguenotes afirmam que naquele sacramento, a partir das figuras corporais do pão e vinho, as almas dos partícipes são realmente alimentadas com a própria substância de Jesus Cristo, da mesma forma que corpos daqueles são alimentados com os alimentos.

Portanto, o pão e vinho não são transformados ou transubstanciados no corpo e sangue de Jesus Cristo, continuando os mesmos em sua natureza e substância.

Por outro lado, aquele pão e vinho são distintos do pão e vinho não consagrados porquanto, aos fieis, tratam-se de sinais sacramentais, mediante os quais a verdade é infalivelmente recebida através da comunhão. Tal recepção somente é possível em virtude da fé, a qual não contempla nada de carnal.

Além disso, aqueles elementos são ao mesmo tempo sinais e figura de Jesus Cristo, ou seja, além de um *sinal* do corpo e sangue do Senhor, também *significam* o corpo do Senhor.

Enfatizam, outrossim, que não cabe imaginar nada de carnal no sacramento da Santa Ceia, sendo absolutamente indevida, portanto, uma distração com o pão e o vinho, ao passo que estes elementos são apenas propostos por sinais. A premissa, ao contrário, é elevar o espírito dos partícipes aos ceus para fins de contemplar pela fé o Filho de Deus sentado à destra de Deus Pai.

No que concerne a uma das questões inicialmente levantadas por Cointac, no artigo VI, os autores afirmavam que não era necessária a mistura do vinho com água, já que, se assim o fosse, tal providência teria sido certamente destacada pelos evangelistas e por São Paulo. Por certo, se fosse necessário, estes não teriam se omitido acerca de tal procedimento.

Ainda, no artigo VII do documento, os autores tratam sobre a consagração dos elementos do sacramento da Santa Ceia. Neste sentido, afirmam que tal consagração somente pode ser efetivada pelo ministro.

Na hipótese, cabe a esse ministro proferir ao povo palavras inteligíveis sobre a instituição do sacramento, nos mesmos moldes preditos pelo Senhor Jesus Cristo, trazendo à colação a morte e paixão do Senhor.

Citam especial importância das palavras do ministro para efeitos de consagração da Santa Ceia, posto que palavras secretamente proferidas acerca dos sinais, não podem se tratar de consagração. Pautam-se, neste sentido, além das palavras de ordem do próprio Senhor Jesus Cristo aos seus discípulos, nos ensinamentos de Santo Agostinho.

Finalmente, no artigo VIII, os autores apontam para o fato de que o sacramento da Santa Ceia não se trata de alimento para o corpo, mas para a alma, haja vista, conforme já tratado no artigo V, que se trata de uma questão de fé, e, portanto, nada há de carnal.

Nos termos já tratados, o pão e vinho são sinais sacramentais e, a partir deles, é possível receber a verdade, o que somente se faz possível mediante a fé. Reitere-se que os elementos são tanto sinais do corpo e sangue do Senhor Jesus Cristo quanto significam seu corpo e sangue.

1.3.2. Divergências junto ao grupo de Villegaignon

Conforme já destacado, em princípio, Villegaignon não se opôs à forma da Eucaristia. A discórdia se desencadeou mediante o posicionamento de Jean Cointac (João de Cointac), ao qual Villegaignon se uniu contra os huguenotes.

Jean Crespin (2006) nos conta que Cointac, ex-dominicano, era acadêmico da Sorbonne, de parcial intelectualidade, que nutria o desejo de se passar por mais sábio do que aqueles ministros, posto que pretendia a superintendência do episcopado, sob alegação de que tal lugar fora lhe prometido na França, o que certamente foi um dos motivos – senão o maior – pelos quais ele ingressara na empreita junto do almirante.

Entretanto, sobretudo com a chegada daqueles ministros enviados por Genebra, suas aspirações foram anuladas, e ele perdeu a estima de toda a companhia.

> Daí o ódio mortal que votava aos ministros, a quem procurava amesquinhar e ridicularizar em todas as controvérsias e pregações, que epilogava rigorosamente para dar-se ares de entendido. (CRESPIN, 2006, p. 30)

Tinha aparência de virtude, era eloquente e persuasivo, tanto em francês quanto em latim. Crespin ainda o analisa de forma ácida, afirmando que se adaptava "ao paladar de cada um" (2006, p.30), motivo pelo qual Villegaignon o ouvia com especial confiança. Em todas as questões, empenhava-se com a finalidade de parecer mais sábio, superior, e mais idôneo do que os ministros eleitos.

Especificamente quanto a celebração do sacramento da Santa Ceia, Cointac questionava aqueles ministros acerca da utilização das vestes sacerdotais, dos vasos sagrados, destacando ainda que seria indispensável, entre outros, a utilização do pão sem fermento, bem como do vinho misturado com água, tal como praticado por Justino Mártir, Irineu e Tertuliano.

Os ministros, no entanto, afirmavam que as Escrituras não davam guarida para tais procedimentos. Postulavam que o dever do cristão é manter-se fiel aos ensinamentos do Senhor Jesus Cristo, nos moldes que ensinara aos discípulos, conforme registrado no Texto Sagrado.

Lembravam ainda da promessa que lhes fora feita na França, reiterada em Coligny, que viveriam de acordo com as leis da Reforma existente em Genebra.

Instaurada a divergência, e pelos motivos já citados, Villegaignon se uniu a Cointac na contenda, asseverando que os teólogos mais antigos, pais da Igreja, eram muito mais autorizados que os novos teólogos. Partindo dessa premissa, determinou que o vinho fosse misturado à água, porquanto Clemente, que convivera com os apóstolos, assim o fez. Afirmou ainda que sua vontade não poderia ser contrariada, já que se tratava do chefe da companhia.

Entretanto, aqueles ministros, bem como a maior parte da assembléia, não concordavam que aquela prática deveria ser adotada, visto que culminaria em superstição, podendo até causar sérias perturbações à Igreja, sobretudo pelo fato de que Villegaignon e Cointac afirmavam que o pão, após consagração pelo ministro, se torna santo e, consequentemente, qualquer parte daquele que sobrasse após a celebração do sacramento da Santa Ceia, deveria ser conservada como relíquia sagrada.

Após arrazoarem anteriormente à Santa Ceia, por um momento, a polêmica foi abrandada, e, com a finalidade de que a Eucaristia não fosse sobrestada, fingiram estar de acordo.

Entrementes, Villegaignon e Cointac, a fim de não criar um ambiente ainda mais hostil, ordenaram secretamente ao despenseiro que fizesse a mistura de vinho e água em proporção razoável.

Em seus últimos sermões, aqueles ministros enviados por Genebra haviam exortado todos os ouvintes a um exame pessoal para que pudessem participar do sacramento da Santa Ceia, nos moldes deixados pelo Senhor Jesus Cristo.

Diante das atitudes de Cointac, no mínimo estranhas, que apontavam para uma postura não Reformada, antes do momento de participação do sacramento, um daqueles ministros solicitou-lhe que, em público, fizesse sua profissão de fé. A atitude, estimou aquele ministro, dissiparia qualquer má impressão acerca dos procedimentos de Cointac. Este, por sua vez, atendeu prontamente à solicitação.

No entanto, a autoridade dos ministros, além do fato de dirigirem-se somente a ele, encolerizou ainda mais a Cointac, e imbuiu-o de ressentimento. Passados alguns dias, Cointac queixou-se a Villegaignon sobre aquela humilhação, trazendo à tona novamente aqueles pontos divergentes sobre a Santa Ceia, supostamente já adormecidos.

Juntos, deliberaram em rechaçar aquele modelo da Santa Ceia, mediante o cotejo dos antigos com os modernos, apontando suas diferenças e formando, por fim, um ritual cujos preceitos deveriam ser observados estritamente. Foi também quando declararam que a Igreja de Genebra era mal governada e dirigida por hereges, já que interpretavam que seus ministros os tinham censurado.

Acerca dos diversos assuntos tratados nessas regras, os ministros de Genebra, em suas prédicas, manifestavam-se de forma veemente, o que inflamou ainda mais a disputa, até que culminou no já citado envio de Chartier para a França, a expulsão daqueles huguenotes, bem como os seus martírios.

2. AS DOUTRINAS DA SANTA CEIA

2.1. Histórico, origens, fundamentos e influências

Visando uma melhor compreensão das doutrinas da Santa Ceia, especialmente daquelas minuciosamente abordadas durante o período de efervescência da Reforma Protestante, passaremos, inicialmente, à análise do pensamento dos Reformadores de maior ênfase daquele período, passando, posteriormente, às suas influências na Escócia, Estados Unidos da América e no Brasil, observando, finalmente, sua evolução até o presente nas Igrejas Reformadas brasileiras de confissão calvinista.

2.1.1. A Eucaristia a partir da Reforma Protestante do Séc. XVI – O embate teológico acerca da doutrina da Santa Ceia

A Eucaristia foi um dos principais motivos de divergência entre os grandes Reformadores.

Para melhor entendermos o tema, por necessário, abordaremos sinteticamente as posições teológicas distintas entre Martinho Lutero, Ulrico Zwínglio e João Calvino, atendo-nos principalmente às controvérsias relacionadas ao pão e vinho.

2.1.1.1. Martinho Lutero

Por proêmio, Lutero acentuara a presença real de Cristo na Eucaristia, contrapondo-se, contudo, a doutrina da transubstanciação como explicação dessa presença real. O modo como Cristo está presente no sacramento foi motivo de grade controvérsia, não somente com os católicos, mas também entre os próprios protestantes.

Para Lutero, a doutrina da transubstanciação era refém das categorias aristotélicas e, portanto, pagãs. Ademais, esse equívoco balizava a ideia da missa como sacrifício meritório, o que se dava em absoluta disparidade com a doutrina da justificação pela fé.

Outrossim, para ele, a Santa Ceia também não se limitava a um mero símbolo de realidades espirituais.

Diante de sua interpretação das palavras de Jesus Cristo ao instituir o sacramento: "isto é o meu corpo", Lutero postulava que, na Santa Ceia, os fieis participam de forma verdadeira e literal do corpo de Cristo.

Isto não significa que o pão se transforma em corpo e o vinho em sangue, como na doutrina da transubstanciação. O pão permanece como pão e o vinho como vinho, contudo, na Santa Ceia, também estão nestes elementos o corpo e o sangue de Cristo, dos quais o crente se alimenta ao tomar o pão e o vinho.

Posteriormente, esta doutrina receberia o nome de consubstanciação. É certo que Lutero não se valeu dessa terminologia. Antes, preferiu chamar esta doutrina de a presença de Cristo em, com, debaixo, ao redor e por trás do pão e do vinho (GONZÁLEZ, 1995, P.72)

Além da questão atinente à presença de Cristo na Santa Ceia, ele discordava da retenção do cálice aos leigos e da compreensão da Eucaristia como um sacrifício que o humano oferece a Deus.

Postulava que toda a comunidade deveria receber o sacramento, de forma integral, e não somente parte dele. Ademais, o sacramento não se trata de um sacrifício oferecido pelo humano para Deus, mas, ao contrário, se trata de algo – e não da repetição do sacrifício de Cristo - que Deus dá ao ser humano.

Nestes termos, Lutero eliminava as missas particulares, acentuando o caráter comunitário da ceia instituída por Cristo. Neste sentido também que ele contestava a veneração dos elementos da Eucaristia, à medida que tal procedimento obscurece o caráter comunitário do sacramento.

Importante rememorarmos que a crítica de Lutero quanto à prática do sacramento deu-se, sobretudo, em virtude de sua compreensão do ministério eclesiástico. Destacava a urgência em se abandonar as expressões "clero" e "laicato", vez que a utilização dos termos apontava para uma divisão do Corpo de Cristo. Diante do sacramento do Batismo, todos os cristãos se tornam "clero" e participam do sacerdócio de Jesus Cristo, tornando-se, portanto, todos iguais.

Essas principais objeções de Lutero à doutrina e prática romanas da Santa Ceia, também conhecidas como "tríplice cativeiro", foram grafadas por sua pena na obra intitulada por *O Cativeiro Babilônico da Igreja*, (GONZÁLEZ, 2004, P.65).

Contudo, as citadas discordâncias não se limitaram ao terreno católico romano, mas se estenderam também à esfera protestante.

Alguns representantes dessa última sugeriam que Lutero foi muito superficial em sua análise, e que a presença corporal de Cristo na Eucaristia deveria ser, de plano, negada. Seus oponentes postulavam que esta presença era apenas "simbólica" ou "espiritual", mas não corporal, e que o ato da comunhão limitava-se a um ato de recordação da Paixão de Cristo.

Entretanto, a afirmação "Isto é o meu corpo", para Lutero, rechaçava o posicionamento daqueles que o contrariavam, e, neste sentido, ele estava convencido que os católico-romanos estavam muito mais próximos do verdadeiro sentido do texto bíblico do que seus oponentes protestantes.

Estes afirmavam que o corpo de Cristo residia nos céus, à mão direita de Deus, de forma que seria impossível sua presença real no altar. A isto Lutero respondeu que a "mão de Deus" está presente em todos os lugares, de forma que também o corpo de Cristo está em todos os lugares.

Advogavam ainda que a fé se trata de um assunto exclusivamente espiritual e, portanto, nada tem a ver com a carne. Sendo assim, a presença corporal de Cristo não tem a ver com a fé.

Contudo, a partir de sua interpretação do Novo Testamento, Lutero postulou que o oposto ao espírito não é o corpo, mas a carne, o que não se trata do nosso aspecto físico, mas de nossa auto-confiança e rebeldia. O espiritual vem a nós no físico, no corpo de Cristo pendurado no madeiro, além de vir no corpo de Cristo presente nos elementos da Eucaristia.

Não obstante seu posicionamento, ao ser questionado sobre a forma mediante a qual a presença corpórea ocorria, Lutero preferia dizer que não sabia e que não cabia a ele tal pergunta. Afirmava que o corpo de Cristo está no pão; o pão continua sendo pão, e o que daí remanescia deveria permanecer como um mistério.

O movimento de reforma com sua gênese em Lutero, em pouco tempo, encontrou simpatizantes em boa parte da Europa. As ocorrências dos períodos antecedentes prepararam um ambiente propício para uma reforma que, em diversos lugares, assumiu a direção protestante.

Não há como negar que esse movimento, de uma maneira geral, foi influenciado por Lutero. Entretanto, surgiram perspectivas divergentes que concordavam com Lutero em parte e, ao mesmo tempo, discordavam de forma veemente com relação a outros pontos de sua teologia.

Conforme destaca González:

> [...] uma descrição exaustiva da teologia protestante do século 16 requereria discussões separadas de pelo menos duas dúzias de teólogos importantes. Felizmente, entretanto, é possível classificar a teologia protestante no século 16 em quatro grupos ou tradições básicas: a Luterana, a Reformada, a Anabatista e a Anglicana. (2004, p. 71)

2.1.1.2. Ulrico Zwínglio

É em Ulrico Zwínglio que a tradição Reformada encontra seu primeiro teólogo (idem, p. 71), cuja leitura, na presente pesquisa, se limitará às suas ponderações acerca do sacramento da Eucaristia.

A teologia de Zwínglio acerca dos sacramentos desenvolveu-se em oposição a três perspectivas distintas: a luterana, a católico-romana e a anabatista, dos quais abordaremos apenas as divergências em relação à primeira posição.

A despeito de Lutero, Zwínglio postula que os sacramentos não podem ser considerados como sinais exteriores que, quando realizados, convergem para um evento interior. Defende que os sacramentos se tratam de sinais, ou memoriais, através dos quais o ser humano prova para a igreja que ele pretende ou é um soldado de Cristo, informando ainda à igreja, antes de si mesmo, acerca de sua fé.

Neste sentido, pondera que, se a fé desse dado humano é tão perfeita que não necessita de um sinal cerimonial para sua confirmação, ela não se trata de fé.

Entendeu também que os sacramentos são dois: o Batismo e a Ceia do Senhor, sendo essa última o motivo de divergência entre ele e Lutero.

A questão em debate foi de importância primária e absoluta para estes reformadores. É tanto que Zwínglio cuidou de destacar que a razão pela qual os erros comumente cometidos com relação à Ceia do Senhor precisavam ser evitados é que estes erros culminam nas mais variadas formas de idolatria que tinham se infiltrado na igreja ao longo dos séculos.

Para Zwínglio, Cristo não estava presente no momento da Eucaristia por duas razões básicas. A primeira decorre do seu entendimento sobre o relacionamento entre o material e o espiritual, já a segunda está relacionada com a sua perspectiva da encarnação. Nos dois casos ele divergia de Lutero, o que o levou a afirmar que: "Nós não somos do mesmo espírito" (idem, p. 84).

Seu posicionamento de rejeição quanto à presença corporal de Cristo na Eucaristia parte da pressuposição de que o sacramento deve ser exclusivamente espiritual para que seja espiritualmente proveitoso. O oposto, para ele, dar-se-ia perigosamente próximo da idolatria.

No tocante a sua perspectiva sobre a encarnação, a despeito de Lutero, cuja Cristologia era do tipo unificadora, postulada uma Cristologia separatista.[5]

2.1.1.3. João Calvino

Temos o privilégio de conhecer um pouco mais das ideias de João Calvino acerca da Eucaristia também a partir de um texto de sua própria pena, o *Pequeno Tratado da Santa Ceia do nosso Senhor*, de 1541.

Por meio desse precioso documento, Calvino intenta apresentar algumas questões basilares acerca da Eucaristia, haja vista as divergências e disputas instauradas sobre a Santa Ceia àquela oportunidade.

De início, ele aponta para a necessidade da alimentação da alma do crente. A nutrição da vida espiritual não é possível a partir de alimentos perecíveis, mas de um manjar superior. Nesse sentido, a alma do crente não tem alimento melhor senão Jesus Cristo.

Esse alimento é distribuído aos crentes pela Palavra de Deus, a qual também é chamada de "pão" e "água".

---

[5] A Cristologia unificadora, no período Patrístico, estava associada à cidade de Alexandria, enquanto que a Cristologia separatista era característica da Antioquia. (GONZÁLEZ, 2004, P. 84-85). Para Lutero (Cristologia unificadora), Cristo estava inteiramente presente na natureza humana. Portanto, estava também presente no pão e no vinho no momento eucarístico. Para Zwínglio (Cristologia separatista), tal presença se tratava de uma figura de linguagem, real apenas em sua natureza divina. Uma vez que o Cristo humano é finito, não podia estar presente na Santa Ceia. BORTOLLETO FILHO, Fernando (org.). *Dicionário brasileiro de teologia*. p. 224.

Considerando que o crente, mediante sua fraqueza, não está habilitado para receber a Palavra do Senhor simplesmente a partir da doutrina e pregação, houve por bem a Deus acrescentar à sua Palavra um sinal visível. Fazia-se necessário que o crente compreendesse esse mistério divino a partir da sua limitação.

O sacramento torna-se, portanto, inteligível ao crente, sendo-lhe possível usufruir de seus benefícios.

A Santa Ceia supre a carência oriunda da depravação humana. Calvino nos relata que a Eucaristia é uma espécie de espelho que é disponibilizado por Deus aos crentes, a fim de que o reflexo visto remeta à contemplação do Cristo crucificado, para fins de escoimar as faltas e ofensas, corrupção e morte.

Para que isso se faça possível, é necessário que os bens de Jesus Cristo passem a pertencer ao crente, o que somente é possível mediante a Santa Ceia, quando Ele mesmo, Jesus Cristo, é dado ao fiel.

Acerca da compreensão do pão e vinho, que gerou maiores controvérsias entre os reformadores, Calvino propõem um princípio para compreensão, qual seja, que toda a utilidade que o crente deve procurar na Santa Ceia é nula se nela Jesus Cristo não é colocado como a realidade e fundamento de tudo. Do contrário, a comunhão da Santa Ceia se torna absolutamente inútil, culminando em blasfêmia.

Calvino destaca que o pão e o vinho se tratam de sinais visíveis que representam o corpo e o sangue de Cristo. De uma maneira absolutamente didática, trás à tona o exemplo ocorrido no evento do batismo do Senhor Jesus Cristo. A pomba que repousa sobre Jesus Cristo naquele momento, não se trata, literalmente, do Espírito Santo, mas se dá como um sinal visível concedido pelo próprio Deus, ao qual João Batista intitula de Espírito Santo.

De igual forma, o pão e o vinho se tratam de sinais verdadeiros de Deus e, ao mesmo tempo, didáticos, posto que proporcionam ao crente, dentro da sua limitação, a participar do próprio corpo e sangue de Cristo.

Essa comunhão que o crente tem com o corpo e sangue do Senhor Jesus Cristo se trata de um ministério espiritual, incompreensível ao entendimento, e invisível aos olhos humanos. Portanto, esse mistério divino é representado mediante sinais visíveis inteligíveis à fraqueza do crente, mas

> [...] não se trata de simples figura, mas uma figura unida a sua verdade e substância. Está, pois, bem estabelecido que o pão é chamado "corpo", porque não apenas no-lo representa, mas também o apresenta. (FARIA, 2008, p. 153)

Calvino postula que a substância interior do sacramento é indissociável dos sinais visíveis. Ou seja, nos mesmos moldes que o pão é distribuído nas mãos dos crentes, também o corpo de Cristo lhes é comunicado, a fim de que estes sejam feitos participantes desse corpo. Jesus Cristo concede na Eucaristia a própria realidade do seu corpo e sangue, a fim de que o crente o possua plenamente, e, consequentemente, participe de todos os seus bens.

Neste sentido, Cristo é oferecido de forma integral mediante a Eucaristia, a fim de que o crente o possua e possua em Cristo toda a plenitude das graças que possa desejar.

Calvino propõe expressamente que a Eucaristia é a melhor forma para que o crente possa se aproximar de Cristo, enxergando-o de perto tocando-lhe com as mãos, e sentido a evidência de um bem tão inestimável, qual seja de alimentar-se com a própria substância de Jesus (idem, p. 154).

Todos esses bens que são proporcionados ao crente com a participação da Eucaristia devem ser entendidos não como um sinal exterior apenas, porquanto o principal é que Jesus Cristo trabalha no interior do participante mediante o Espírito Santo, a fim de tornar eficaz sua instituição, posto que destinada como instrumento através do qual Cristo opera sua obra na vida do crente.

Na terceira parte de seu tratado, João Calvino trata acerca da legítima prática da Eucaristia, abordando a necessária reverência quando da sua celebração, o fato de que a fraqueza do cristão não o afasta desse sacramento, tratando ainda sobre a frequência na celebração da mesa do Senhor Jesus.

Em continuidade, passa a uma abordagem acerca do que aponta como "erros e superstições relacionados com a Ceia".

O primeiro equívoco apontado por Calvino concerne a Santa Ceia como sacrifício da missa, mediante o qual se adquire a remissão dos pecados. Destaca, neste sentido o sacrifício único e suficiente de Cristo na cruz, mediante o qual fez-se possível a reconciliação com Deus, não havendo qualquer motivo plausível para se observar qualquer outro ato que culmine em remissão de pecados.

Não obstante, opõe-se ainda à missa afirmando que o Senhor não estabeleceu que somente o padre, após haver realizado seu sacrifício, comungue em separado. Ao contrário, Cristo deixou o ensino de que o sacramento deve ser distribuído em assembléia, tal como se verifica no exemplo da primeira Ceia, na qual comeu com seus apóstolos.

O segundo equívoco está relacionado com a transubstanciação. Não é possível imaginar que após as palavras de consagração dos elementos, o pão é transubstanciado no corpo e o vinho no sangue de Cristo.

Isto porque, além do fato da transubstanciação não tem qualquer fundamento nas Escrituras, também não se sustenta na tradição da Igreja Antiga: "[...] esta mentira não tem nenhum fundamento na Escritura, e não conta com nenhum testemunho na Igreja Antiga." (idem, p. 153)

Calvino enfatiza, neste sentido, que a natureza do sacramento requer que o pão material permaneça pão para ser sinal visível do corpo. Afirma ainda que em todos os sacramentos, os sinais que vemos guardam semelhança com a realidade espiritual neles figurada.

Assim como a água é dada por testemunho no sacramento do Batismo, o pão material é dado para atestar que o corpo de Cristo é o alimento do crente. De uma maneira bastante clara, Calvino propõe que

> As palavras usadas pelo Senhor querem dizer: da mesma forma como o homem é sustentado e mantido no que se refere ao corpo, comendo o pão, assim a minha carne é o alimento espiritual com o qual as almas são vivificadas. (idem, p. 167)

A questão da transubstanciação, entre outras, culminou no equívoco da presença local. Sob tal aspecto, Calvino se posiciona nos seguintes moldes:

> Queres estabelecer uma presença tal que o corpo de Cristo seja incluso no sinal ou ali ligado localmente, não é apenas uma divagação onírica, mas erro danoso opondo-se à glória de Cristo, destruindo aquilo que devemos manter de sua natureza humana. (idem, p. 168)

Calvino aduz que, confinar Jesus Cristo sob o pão e o vinho, se trata de um sonho diabólico e sua insistência gera idolatria. Isto porque prostrar-se diante do pão da Ceia para adorar a Jesus, como se este ali estivesse, é o mesmo que transformar o pão em ídolo, ao inverso de Sacramento.

Finalmente, em seu *Pequeno Tratado da Santa Ceia*, Calvino aborda especificamente a questão da controvérsia sobre a Santa Ceia. Ao tratar sobre o tema, de início, roga que os fieis não se escandalizem com o embate, sobretudo pelo fato de que aqueles líderes deveriam ser agentes para reacender a verdade, e não para encabeçar disputas.

Aponta para o posicionamento de Lutero que, por um lado, condena a transubstanciação, ao passo que, por outro, afirma que o pão é o corpo de Cristo, à medida que Ele estava unido ao mesmo.

Cita ainda Zwínglio e Ecolampádio, que contrariaram o posicionamento de Lutero, haja vista que a presença carnal de Cristo na Santa Ceia, principalmente, suscitava idolatria, já que Jesus Cristo era adorado como incluso sob o pão e vinho. Afirmavam que Jesus Cristo ascendeu e foi recebido no céu com sua humanidade, e que lá permanecerá até sua final descida para julgar o mundo.

Entretanto, ao se ocuparem exclusivamente com a oposição à presença carnal de Jesus Cristo na Eucaristia, deixaram de mostrar qual o correto modo de presença de Cristo que deve ser crido na Santa Ceia, e qual comunicação de seu corpo e sangue se recebe nesta celebração.

Para Lutero, Zwínglio e Ecolampádio não quiseram deixar na Ceia nada mais do que os sinais despidos de sua realidade espiritual. Tamanho foi o embate que Lutero denunciou-os como hereges.

Houve então tentativa de discutir o tema, mediante o colóquio de Marburgo, em 1529, contudo, não lograram êxito no debate.

Calvino afirma que o papel de Lutero, entre outras questões, deveria ser o de afirmar que não pretendia uma presença local nos mesmos termos que os papistas imaginavam. Deveria ainda enfatizar que não admitia a adoração aos sacramentos no lugar de Deus.

Por outro lado, Zwínglio e Ecolampádio pecaram ao envidar todos os seus esforços em afirmar a presença não corpórea de Cristo na Eucaristia, olvidando-se de ensinar qual a real presença na Santa Ceia.

> Quero dizer que, ao insistirem demais no sentido de que o pão e o vinho são chamados corpo e sangue de Cristo devido a serem sinais destes últimos - esqueceram de acrescentar que são sinais de tal sorte que a realidade lhes está conjugada. Devido a esta omissão deixaram de afirmar que não pretendiam de forma alguma obscurecer a verdadeira comunhão que nos dá o Senhor em seu corpo e seu sangue mediante este sacramento. (idem, p. 178)

Afirma ainda Calvino que aqueles homens falharam pois não tiveram paciência de se ouvirem e discutir suas ideias.

Não obstante, ele dá graças a Deus pela vida de Lutero, Zwínglio e Ecolampádio, sobretudo por se tratar de homens com vida santa, inteligentes, e mui zelosos quanto a edificação da Igreja.

Conclusivamente, em seu *Pequeno Tratado sobre a Santa Ceia*, Calvino postula:

> Confessamos todos, portanto, a uma só voz, que ao recebermos pela fé o sacramento, segundo o mandamento do Senhor, somos verdadeiramente feitos participantes da

> própria substância do corpo e do sangue de Jesus Cristo. (idem, p. 179)

Para tanto, é necessário que o crente abandone toda e qualquer fantasia carnal, eleve seu coração para acima do céu - contrapondo a ideia de que Jesus Cristo se rebaixa para se incluir em algum elemento corruptível e, para não minimizar a eficácia desse santo mistério, cabe ser considerado que a comunhão ocorre mediante a virtude secreta e milagrosa de Deus, emoldurada pelo Espírito Santo.

2.2. O presbiterianismo na Inglaterra e na Escócia

Após sucinta exposição acerca do posicionamento teológico desses três reformadores acerca da Santa Ceia, passaremos a um breve relato sobre as origens e desenvolvimento do presbiterianismo na Escócia, com vistas a possibilitar uma melhor compreensão das raízes do presbiterianismo brasileiro.

Entretanto, por necessário, antes de tratamos sobre o presbiterianismo na Escócia, faremos uma apertada síntese dos acontecimentos na Inglaterra do século XVI, especialmente focados naqueles que, de alguma maneira, emolduraram o movimento reformado naquele país.

Devemos considerar, inicialmente, que, durante todo o século XVI, a Grã-Bretanha esteve dividida em dois reinos, o da Inglaterra, sob o regime dos Tudor, e o da Escócia, cujos soberanos pertenciam à dinastia dos Stuart (GONZÁLEZ, 1995, p. 121).

No início do século XVI, a Escócia era aliada da França e a Inglaterra, da Espanha. Com a intenção de fortalecer a aliança com a Espanha, Henrique VII, que reinava na Inglaterra, arranjou um casamento entre seu filho Arthur e uma das filhas dos reis católicos, Catarina de Aragão. Referido matrimônio selou a amizade entre Espanha e Inglaterra. Entretanto, desafortunadamente, quatro meses mais tarde[6], Arthur faleceu, o que levou os reis católicos a propor uma aliança entre Catarina e o irmão mais novo do falecido Artur, Henrique.

Henrique VIII, a fim de manter sua amizade com a Espanha, bem como em vista do dote da princesa, anuiu com a proposta dos reis católicos. Contudo, é certo que a lei canônica proibia que alguém se casasse com a viúva do seu próprio irmão. Não obstante, obteve-se uma dispensa papal para que, tão logo o jovem Henrique atingisse a idade necessária, se casasse com Catarina de Aragão.

Havia, contudo, dúvidas sobre a citada dispensa papal. Daquele matrimônio, apenas a filha Maria conseguiu sobreviver, o que, para muitos, se tratava de um sinal da ira divina.

Entretanto, era necessário que o rei tivesse um herdeiro varão.

Diante da situação, Henrique buscava uma alternativa para anulação de seu casamento junto à Roma.

As anulações de casamentos pelo papa, naquele período, eram possíveis por inúmeras razões.

Contudo, nesse caso específico, considerando que Catarina era tia de Carlos V, o qual tinha praticamente o papado sob seu poder, o papa ficou

---

[6] Conforme González (1995, p. 122), a morte de Arthur deu-se quatro meses após seu casamento. Latourette (2006, p. 1083) cita que foram menos de seis meses.

impossibilitado de conceder a anulação requerida por Henrique. Neste sentido, o papa chegou a sugerir que, para gerar seu herdeiro varão, o rei tomasse outra esposa secretamente. Entretanto, tal hipótese não era aceitável ao rei, haja vista a necessidade de um herdeiro que fosse publicamente reconhecido.

Tomas Cranmer era o principal conselheiro do rei no que pertine às matérias de cunho religioso e, como tal, propôs ao rei que consultasse as principais universidades católicas e as de maior prestígio, quais sejam, de Paris, Orleans, Tolosa, Oxford, Cambridge e as italianas. Todas aquelas afirmavam que o matrimônio entre Henrique e Catarina não era válido e, portanto, poderia ser perfeitamente desfeito.

Diante da situação, o rei passou a ameaçar o papa em reter os fundos que eram direcionados a Roma, conseguindo ainda que o sumo pontífice aceitasse a nomeação de Tomas Cranmer, um homem de espírito reformador, como arcebispo de Canterbury.

Por mais que o rei não simpatizasse com os protestantes[7], as ideias luteranas, unidas com as ideias de Wyclif, permeavam todo o país e quem as sustentava se alegrava em ver o crescente distanciamento entre o rei e o papa. Deve-se destacar que Wyclif propunha uma igreja nacional, sob direção das autoridades civis, assim como Cranmer, que nutria o sonho de uma Igreja Reformada sob autoridade real.

O rompimento definitivo com Roma se deu em 1534, quando o Parlamento promulgou diversas leis que proibiam o pagamento de contribuições à Roma, declarou nulo seu casamento com Catarina de Aragão, o que excluía Maria como herdeira do trono, e ainda, afirmou o rei como "supremo cabeça

[7] Henrique inclusive tinha recebido o título de "defensor da fé" por Leão X, haja vista o trabalho impetrado contra Lutero (GONZÁLEZ, 1995, p. 125).

sobre a terra da Igreja da Inglaterra" – *in terra supremum caput Anglicanae ecclesiae* (LATOURETTE, 2006, P. 1085), sendo considerado como traidor qualquer que afirmasse o monarca como herege ou cismático.

Após anulação de seu casamento com Catarina, o rei legalizou o enlace que tinha com Ana Bolena. Esta, que deu ao rei apenas uma filha, posteriormente, foi acusada de adultério e executada. O rei casou-se então com Jane Seymour que, finalmente, lhe deu um herdeiro varão.

É certo que os citados acontecimentos não tinham qualquer condão reformador, entretanto, era inegável que toda aquela situação se tratava de uma grande oportunidade para a reforma da igreja. O maior de todos os entusiastas para tanto era o próprio Tomás Cranmer.

Após a morte de Jane, Henrique, sentido-se ameaçado pela França e por Carlos V, casou-se com Ana de Cleves, cunhada de João Frederico, o príncipe protestante da Saxônia. Não obstante, em vista da insistência dos luteranos quanto às suas posições doutrinárias, bem como diante da inexistência de composição entre Carlos V e Francisco I, Henrique se divorciou de Ana, e mandou decapitar o ministro que fizera os acordos para o casamento.

Outros casamentos ocorreram e, nesse interregno, as ideias reformadoras iam se disseminando pelo país. Cranmer tinha feito traduzir a Bíblia para o inglês e, diante de um mandado do rei, foi colocada uma Bíblia em cada uma das igrejas, em local que todos pudessem lê-la. Esta era uma das fortes armas da Reforma.

Além disso, podemos citar a dissolução dos mosteiros e a publicação de sucessivas afirmações de doutrina para a Igreja da Inglaterra. Além disso, os chamados Dez Artigos, que foram esboçados por Henrique, com auxílio de Cranmer, os quais mencionavam três sacramentos (batismo, penitência e

Eucaristia); enfatizavam a importância de ensinar ao povo a Bíblia, o credo dos Apóstolos, Niceno e Atanasiano; declaravam a justificação pela fé e pela confissão, absolvição e boas obras; que Cristo está fisicamente presente na Eucaristia; que as missas pelos mortos, a invocação dos santos, e o uso de imagens, são desejáveis.

Nesse contexto, os humanistas, que se tornavam cada vez mais numerosos e influentes no país, viam na política real grande oportunidade de uma reforma sem os excessos dos protestantes alemães.

Com a morte de Henrique VIII, o partido reformador teve forte apoio em todo o país.

O sucessor de Henrique VIII, seu único filho varão, foi Eduardo VI, que se tratava de um menino bastante enfermo.

Eduardo ficou sob a regência de seu tio, o duque de Somerset, durante três anos, período no qual a reforma avançou em larga escala. Algumas das principais medidas dos reformadores foram a permissão do matrimônio do clero, a retirada de imagens das igrejas, bem como a publicação do *Livro Comum de Oração*, cujo principal autor foi o próprio Cranmer. Pela primeira vez, o povo pôde ter em mãos uma liturgia em seu próprio vernáculo.

Neste período também, muitos exilados por questões religiosas retornaram ao seu país, trazendo ideias teológicas em sua maior parte calvinistas ou zwinglianas.

Após três anos de regência, o duque de Somerset foi substituído pelo duque de Northumberland, que houve por bem dar continuidade ao processo reformador. Sob sua regência foi publicada uma edição revisada do *Livro Comum de Oração*, na qual se verifica uma clara tendência zwingliana.

González afirma que

> A tendência zwingliana desta nova versão pode ser vista quando se comparam as palavras que o ministro deve dizer ao repartir o pão. No primeiro livro, essas palavras eram: 'O corpo do nosso Senhor Jesus Cristo, que foi dado por ti, preserve teu corpo e alma para a vida eterna'. No segundo, o que se dizia era: 'Toma e come isto em memória de que Cristo morreu por ti e alimenta-te dele em teu coração pela fé e com ações de graças'. Enquanto a primeira frase reflete um modo de entender a ceia que tanto pode ser católico como luterano, a segunda se inspira na posição de Zwínglio. (1995, p. 130)

No entanto o aparente triunfo do movimento reformador na Inglaterra seria refreado.

E isto porque, com a morte de Eduardo VI, o trono passou para Maria, filha de Henrique VIII e Catarina de Aragão. Maria sempre foi católica, e associava o movimento reformador com a desonra que experimentara em sua juventude, quando declarada filha ilegítima da união de seus pais.

Maria tencionava restaurar a fé católica, e tinha ao seu lado diversos bispos conservadores e seu primo, Carlos V. Com a necessária cautela inicial, passou a tomar, de forma crescente, medidas para represar o protestantismo na Inglaterra. Finalmente, em 1554, a Inglaterra novamente se curvou às ordens papais, anulando-se, consequentemente, as ações do Parlamento sob Henrique VIII e Eduardo VI.

Ademais, Maria impôs uma repreensão tal, que lhe causou o título de "Bloody Mary" ou Maria, a sanguinária (idem, p. 131). Muitos protestantes foram encarcerados e mortos, dentre eles o próprio arcebispo de Canterbury, Tomas Cranmer.

Maria foi sucedida por Isabel I, filha de Ana Bolena.

Ao contrário de Maria, Isabel era protestante, mas não de viés extremista. Idealizava uma igreja tolerante, cujas práticas fossem uniformes, ultimando na união do reino. Nesta, não haveria espaço para intransigência ou extremismo, quer seja católica, quer seja protestante. Ademais, todo tipo de protestantismo – não extremista, desde que se ajustasse ao culto comum da igreja anglicana, seria bem aceito.

Além da *Lei da Uniformidade*, um dos principais instrumentos dessa política foi o *Livro de Oração Comum*, mais uma vez revisado e reeditado.

Seus ideais de tolerância e inclusivismo teológico são cristalizados nessa nova edição do *Livro de Oração Comum* conforme se verifica no tocante a Eucaristia, cujos critérios passaram a constar nos seguintes moldes:

> O corpo de nosso Senhor Jesus Cristo, que foi dado por ti, preserve teu corpo e alma para a vida eterna. Toma e come isto em memória de que Cristo morreu por você e alimenta-te dele em teu coração pela fé e com ações de graças. (idem, p. 134)

Resta evidente que a união das formas de Eucaristia anteriormente propostas nos *Livros de Oração Comum*, teve o condão de acomodar as opiniões daqueles que criam na comunhão como um simples ato de comemoração memorial, bem como daqueles que criam que nesta havia participação real do corpo de Cristo.

O mesmo posicionamento é verificado nos *Trinta e Nove Artigos*, de 1562, promulgados para servir como base doutrinária da igreja Anglicana. Nestes, igualmente, fica claro um posicionamento mediano, visando a participação de todos, desde os mais tolerantes aos mais radicais.

Durante o reinado de Isabel, o catolicismo teve uma realidade precária. Os católicos, que divergiam da política da rainha, tendiam para Maria Stuart, que seria a real herdeira do trono da Inglaterra caso Isabel fosse considerada filha ilegítima de Henrique VIII. O papa havia declarado esses católicos livres de obedecerem à rainha.

Muitos se envolveram em conspirações contra a rainha, os quais, quando capturados, foram executados. Diante desse contexto, Isabel aceitou conselhos e ordenou a execução de sua prima. Inúmeros católicos foram mortos sob seu reinado, talvez tantos quanto os protestantes mortos sob o reinado de Maria, "a sanguinária".

Passados os anos, os católicos passaram a distinguir entre a obediência ao papa e a lealdade política à rainha, o que permitiu uma convivência destes junto aos anglicanos.

Cite-se ainda a notoriedade do movimento puritano[8] ao final do reinado de Isabel.

Na Escócia, ao norte da Inglaterra, adotara-se aquele mesmo posicionamento de se aliar à França para resistir aos ingleses. Em que pese a possibilidade de uma aproximação com a Inglaterra, quando do reinado de Henrique VIII, o rei da Escócia decidiu-se pelo regresso à política tradicional de aliar-se à França, haja vista as pretensões inglesas, e casou-se com a francesa Maria de Guisa. A partir desse evento, opôs-se claramente a Henrique VIII, especialmente no que pertine a suas relações com o papa e a reforma eclesiástica.

---

[8] Pessoas de convicções reformadas ou calvinistas que receberam esse nome porque insistiam na necessidade de restaurar as práticas e doutrinas do Novo Testamento em toda sua pureza. (idem, 1995, p. 135)

Foram promulgadas leis pelo parlamento escocês contra os propagadores protestantes e, em 1528, ocorreu o primeiro martírio desses pregadores itinerantes. Entrementes, não obstante a perseguição, o protestantismo inseria-se no país e se expandia consideravelmente, muito em virtude dos poderosos aliados nobres, descontentes com os posicionamentos reais, e nos estudantes das universidades escocesas.

Com a morte de Jaime V, o destino de sua pequena filha, Maria Stuart, seria decidido entre o casamento com Eduardo VI, herdeiro da coroa inglesa, ou se encaminhamento para a França, a fim de ser educada e se casar com algum príncipe francês, esta última hipótese era desejo dos católicos.

David Beaton, arcebispo de Santo André, era o chefe dos católicos e perseguidor ferrenho dos protestantes. Foi ele quem enviou para a fogueira Jorge Wishart. Em resposta ao seu ato, em 1546, um grupo de protestantes tomou o castelo de Santo André e matou o arcebispo.

Diante da impossibilidade de retirar os sitiantes do castelo, já que o governo estava dividido e fragilizado, aqueles protestantes viram em Santo André o baluarte da sua fé (idem, p. 138).

Anteriormente, John Knox mantivera contato com Jorge Wishart, e quando os protestantes se apoderaram de Santo André, recebeu ordens para se dirigir ao castelo. Knox tinha intenções de ir à Alemanha e dedicar-se ao estudo da teologia.

Entretanto, ao se deparar com a realidade de Santo André, se envolveu integralmente naqueles acontecimentos que pululavam na Escócia. Contrariado, foi feito pregador da comunidade protestante, tornando-se também a principal voz da causa protestante da Escócia.

Considerando a delicada situação da França e da Inglaterra, a situação dos protestantes em Santo André foi sustentada, até que a França encaminhou reforços para o governo escocês, o que culminou na rendição dos protestantes. Knox e muitos outros foram condenados aos mais crueis rigores, sendo libertados apenas após dezenove meses diante da intervenção da Inglaterra, no momento em que reinava Eduardo VI.

Knox, nesse período, foi feito ministro na Inglaterra, o que se deu até a morte de Eduardo, após o qual se iniciou a política de repreensão ao protestantismo, com Maria Tudor, cujo posicionamento já foi tratado.

Sem lugar na Inglaterra, Knox partiu para a Suíça, onde passou um período junto a João Calvino, em Genebra. Posteriormente, rumou para Zurich, onde passou com Bullinger, sucessor de Zwínglio.

Tão logo faleceu Maria Tudor, Maria Stuart se tornou a rainha legítima da Inglaterra. Na Escócia, o partido católico e francófilo ocupava o poder, o que obrigou uma maior união entre os protestantes, que no final de 1557 estabeleceram entre si um pacto solene, e foram chamados de "lordes da congregação". Diante das peculiaridades, os "lordes" estreitaram seu relacionamento com os protestantes ingleses. Não obstante às perseguições, em 1558, se organizaram como igreja.

Eles queriam o regresso de Knox à Escócia. Este, contudo, estava impedido de retornar, haja vista que seus escritos exílicos foram interpretados como anti-femininos de uma forma ampla. Esse posicionamento anti-feminino era problemático diante da regência da rainha mãe na Escócia.

A situação dos protestantes era cada vez mais difícil na Escócia, os quais, em diversas oportunidades, solicitaram auxílio à Inglaterra. Knox, que regressara ao país, sustentava os protestantes com seus sermões. O exército inglês se uniu aos protestantes escoceses, até que a regente veio a falecer. Os franceses entenderam ser pertinente abandonar o país, e mediante um tratado, ficou convencionado e ingleses e franceses abandonariam a Escócia, e os naturais do país seriam responsáveis pelo seu destino.

Surgiram as primeiras divergências entre os lordes e Knox. Diante do descontentamento dos lordes, estes decidiram convidar Maria Stuart para reivindicar o trono que tinha direito. Maria aceitou, mas aconselhada por seu irmão, Jaime Stuart, lorde de Moray, que era um dos principais chefes dos protestantes, não interferia de forma que sua política contrariasse os lordes protestantes.

Knox discordava expressamente da política de Maria Stuart. Os lordes protestantes, por sua vez, não estavam dispostos a seguir o mesmo posicionamento daquele pregador radical.

Nesse período, Knox, junto de seus colaboradores, cuidavam de organizar a igreja reformada da Escócia, que se formou a partir de um governo muito semelhante ao presbiterianismo posterior. González afirma que: "O Livro de Disciplina, o Livro da Ordem Comum, e a Confissão Escocesa, foram os pilares sobre os quais Knox construiu sua nova igreja" (idem, p. 142)

Maria Stuart, sempre almejando o trono da Inglaterra, casou-se com seu primo Henrique Stuart. Ambos tinham por certo o direito à sucessão do trono. Jaime Stuart, lorde de Moray, era contra essa união, pois a via como um pacto com a Espanha para represar o protestantismo. Maria, para seguir com seu plano de casamento, recorreu a Bothwell, que venceu Moray. Contudo, em pouco tempo descobriu que Henrique não era um bom marido.

Darnley foi assassinado, e as suspeitas recaíram sobre ela e Bothwell, que três meses mais tarde se casou com Maria.

Os lordes protestantes nutriam uma inimizade com Bothwell, e se rebelaram contra ele. Ainda que a rainha tenha tentado sufocar a rebelião, não obteve apoio de suas próprias tropas, e ficou à mercê dos lordes escoceses, que exigiram sua abdicação do trono, já que apresentavam provas de sua participação no assassinato de Darnley.

Maria então abdicou e se refugiou na Inglaterra, sob Isabel, que tempos mais tarde ordenou a sua morte.

É certo que, na Escócia, mesmo com o exílio de Maria, mantiveram-se as contendas entre os diversos partidos. Knox, que apoiara o regente Moray, teve que se afastar da luta protestante, posto que foi acometido por um ataque de paralisia. Posteriormente, ao saber sobre a matança de São Bartolomeu, na França, esforçou-se muitíssimo em retornar aos púlpitos, exortando seus compatriotas que se fraquejassem, poderiam ter a mesma sorte daqueles huguenotes. Pouco depois, Knox morreu.

2.2.1. O Movimento Puritano

Durante o reinado de Isabel, na Igreja Anglicana, muitos eram favoráveis a uma reforma mais profunda da Igreja. Entre estes estavam os que haviam fugido do continente, principalmente para Genebra, no interregno de perseguições encomendadas pela rainha Maria, os quais tiveram contato com movimentos protestantes que superaram em muito o movimento reformado da Inglaterra.

Ficaram conhecidos como partido puritano.

Pugnavam pela adoção de uma severa disciplina contra clérigos e leigos que não obedecessem ao rígido padrão moral do modelo genebrino.

Eram calvinistas quanto à teologia, e aplicados estudantes da Bíblia.

Mendonça (2008) destaca que os puritanos chegaram a moldar o sentimento religioso do povo inglês, sendo ainda responsáveis pela elevação dos ideais políticos no tocante a luta em favor de um governo representativo.

Uma das principais questões relativas ao movimento puritano trata-se da adoção da Teologia do Pacto.

> O pacto entre Deus e Abraão (Gênesis, 17) foi pessoal e de iniciativa divina, logo um ato de graça. Pede-se ao homem, portanto, mais do que um ato de adesão à divina mercê. A verdadeira fé exige íntima, manifesta e obediente preparação, apropriação, humildade, dedicação, gratidão e uma disposição para andar nos caminhos de Deus de acordo com a sua lei. (MENDONÇA, 2008, p. 65)

Somados aos elementos do calvinismo, surge um fato novo, que consiste na iniciativa humana e pessoal na apropriação da graça de Deus, com uma evidente valorização do ser humano e da pessoa.

Contudo, o mais importante era que o individualismo culminava em uma oposição a todas as formas de soberania de cima para baixo, especialmente quanto aos episcopados, tanto romanos quanto anglicanos.

Conforme Mendonça (2008), as diversas tendências teológicas calvinistas quando da convocação da Assembleia de Westminster convergiam para a Teologia do Pacto, e a Confissão de Westminster pode ser definida como a mais pactual da história da pós-Reforma. Essa teologia parece também ser a raiz da ideologia do Destino Manifesto, cujos fundamentos serão tratados a seguir.

2.3. O presbiterianismo nos Estados Unidos da América

Para uma melhor compreensão do ingresso do presbiterianismo em terras brasileiras, faz-se absolutamente necessária uma breve síntese das origens, desenvolvimento e proposições do movimento protestante na América do Norte.

2.3.1. Origens e desenvolvimento histórico

O protestantismo americano tem sua gênese com a Inglaterra e o *Livro de Oração Comum*. Foi na costa Ocidental da Califórnia, em um rochedo situado em Drake's Bay, que Francis Fletcher leu o serviço do *Livro de Oração Comum* e pregou o primeiro sermão na região (idem, p.75).

Conforme destaca Mendonça (2008), o *Livro de Oração Comum* significa Igreja Anglicana, e foi por meio desta que os primeiros protestantes se estabeleceram na América do Norte.

Entretanto, os protestantes que moldariam as características do protestantismo norte americano, na verdade, foram os muitos puritanos que, perseguidos por questões político-religiosas, emigraram para a América. Foi em 1620 que os *Pilgrim Fathers* atravessaram o oceano no *Mayflower* e fundaram a colônia de Massachusetts.

Esses puritanos, inicialmente, assumiram uma forma de governo congregacional, mantendo-se calvinistas quanto a teologia. Posteriormente, organizaram-se federativamente, assumindo uma forma de governo presbiteriana, ou seja, a representação conciliar. Naquele período, tanto anglicanos como congregacionais presbiterianos eram calvinistas quanto a teologia, e valiam-se do *Livro de Oração Comum*.

Os puritanos, fartos das disputas por igualdade e liberdade religiosa na Inglaterra, entendiam-se no direito de construir na América um Estado puritano, o qual serviria de modelo para os verdadeiros cristãos em todos os lugares do mundo. Entendiam que a eles estava confiada a empreita de mostrar ao mundo o verdadeiro modelo cristão, eram o povo escolhido de Deus (*God's Chosen People*), isto se tratava do Destino Manifesto.

Em seu desenvolvimento, a forma de organização eclesiástica preferida foi a congregacional. Posteriormente, prevaleceram formas intermediárias entre a congregacional e a hierárquica clerical.

Ainda, em virtude da enfadonha liturgia anglicana, um importante posicionamento dos puritanos consistiu na extrema simplificação do culto protestante, no qual foi escoimada praticamente toda a tradição litúrgica. A pregação ocupou o lugar central da liturgia.

Exigiam dos pastores elevados padrões de vida moral, como testemunho pessoal de suas pregações.

Ocorreu que, no início do século XVIII, por diversos motivos, entre os quais citamos apenas a Guerra da Independência a proliferação das ideias iluministas, a efervescência religiosa e o puritanismo começaram a enfraquecer nas colônias.

Eram necessárias novas formas teológicas que atendessem àquele momento e realidade. Surgem então os Grandes Despertamentos.

O Primeiro Grande Despertamento começou na terceira década do século XVIII e se estendeu até a Guerra da Independência. Em 1734, Jonathan Edwards, pastor em Northampton, Massachusetts, iniciou suas pregações que conduziam seus ouvintes a se arrependerem dos pecados e à fé em Jesus Cristo. Esse avivamento se alastrou pelas cidades circunvizinhas, atingindo puritanos e presbiterianos tradicionais.

Importante ainda citar a chegada de George Whitefield ao Novo Mundo. Whitefield era companheiro de John Wesley, e teve notável influência neste avivamento.

Como resultado, houve considerável aumento de membros das igrejas existentes, assim como foram inauguradas outras diversas igrejas.

Com a morte de Jonathan Edwards, em 1758, finda-se também o Primeiro Grande Despertamento. O período posterior será novamente marcado por uma queda no fervor religioso.

É neste momento que o metodismo adentra oficialmente na América.

Com ênfase na experiência e na moralidade, o metodismo irá exercer grande influência na concepção protestante da América, inclusive nas áreas de missão.

Com pregação acessível e menos formalista, o metodismo ascendeu incrivelmente na América.

Citando Clifton E. Olmstead, Mendonça (2008) aponta para o fato de que a fé metodista respondia melhor àquela sociedade pautada na democracia de fronteira, pois pregava a fé para os que a queriam, ao passo que o calvinismo oferecia salvação apenas para os eleitos.

O Segundo Grande Despertamento do protestantismo americano é demarcado pela ênfase na "descida do Espírito Santo" e na guerra contra os vícios (idem, p. 86-87), eram promovidas enormes seções de conversão e santificação.

Mendonça nos relata que a Teologia dos Avivamentos se tratou de uma resposta necessária à sociedade daquela época na América. Tratava-se de um local e momento em que as oportunidades estavam à disposição de todos. O sucesso dependia do empenho e das diferenciações sociais que viriam.

O calvinismo, que afirmava a soberania de Deus, e a consequente incapacidade total do ser humano, não fazia muito sentido nessa sociedade. Ainda, o elitismo calvinista era contrário às ideias igualitárias.

Considerando esses fatores, entre outros, fez-se mister uma reformulação teológica, reformulação esta que teve como matriz o arminianismo metodista.

> Em resumo, as condições históricas e sociais da América pré e pós-Independência e a presença do puritanismo desde o início conseguiram traduzir a teologia protestante no sentido de atender às necessidades emergentes de uma sociedade que, ao se formar, tendia para o humanismo igualitarista e pragmatista, tudo sob o colorido do racionalismo e do progressismo evolucionista. Desse modo, é bastante compreensível a centralidade teológica no ser humano como agente moral livre, no Cristo crucificado (o Deus homem arrasta e vence as próprias condições hu-

> manas), na religião ética e na fé racional e experimental. (idem, p. 88-89)

2.3.2. A empresa missionária

Conforme já tratado, as lutas políticas e religiosas na Europa impulsionaram aqueles pais peregrinos para a América na segunda metade do século XVII. Além disso, aqueles puritanos intencionavam fundar uma civilização cristã segundo o modelo protestante.

Entendiam-se incumbidos por Deus, como povo eleito, como a gênese dessa civilização, expandindo-a pelo mundo. Esse era o Destino Manifesto.

Junto ao Destino Manifesto e à urgência da pregação com objetivo de salvar os "pagãos" antes da segunda vinda de Cristo, estava o sentido nacional expansionista.

As missões americanas estão situadas no período em que o cristianismo mais se expandiu em toda a sua história – século XIX (idem, p. 97). Foram organizadas muitas missões nos Estados Unidos, visando uma evangelização interna. Além das frentes pioneiras, escravos e índios passaram a também ser alvo da empresa missionária.

No entanto, considerando que o objetivo era muito maior – o mundo – foram também organizadas missões estrangeiras, tal como procedeu a ala conservadora da Igreja Presbiteriana (*Old School*) ao fundar o *Board of Foreingn Missions* (1837), visando a África, Oriente e América Latina.

2.3.3. O pietismo

Diante de sua evidente influência na empreita missionária no século XIX, faz-se necessária, ainda que sucinta, uma abordagem acerca do pietismo.

Conforme González (1995), Felipe Jacó Spener é considerado como "o pai do pietismo". Spener desejava um despertar na fé de cada cristão, e para tanto, apelava à doutrina luterana do sacerdócio universal dos crentes, sugerindo que fosse dada menor ênfase nas diferenças entre leigos e clérigos, e maior na responsabilidade de todos os cristãos. Em consequência, defendia maior vida devocional, e mais estudo bíblico por parte dos leigos. Para ele, também, o propósito da pregação não era chamar a atenção à capacidade do pregador, mas sim, chamar os fiéis à obedecer a Palavra de Deus.

Spener ainda defendia que a santidade não justifica o cristão, mas que Deus oferece seu poder justificador ao crente, a quem justifica.

O pietismo se resume em uma reação contra o racionalismo, contra as especulações teológicas. O núcleo da fé pietista consiste na experiência com Cristo e no cultivar da sua presença.

Dentre os principais dos pietistas, podemos citar Zinzerdorf. O eixo principal de sua teologia é a comunhão com Cristo mediante a contemplação da cruz e dos sofrimentos do Cristo crucificado, que são o único caminho para o conhecimento de Deus. Segundo Zinzendorf, é através da contemplação da cruz, dos ferimentos e do sangue que é possível entender que Deus é amor e ama os seres humanos. Ainda, é através dessa contemplação que é possível ter consciência dos pecados e do perdão.

Desde seu início, o movimento pietista foi de grande importância para o começo do movimento missionário protestante.

Ainda que os primeiros pietistas não mostrassem interesse pelas missões, estavam preocupados com as necessidades das pessoas que os rodeavam, o que os levou a fundar escolas, orfanatos e outras instituições de serviço social.

E é neste mesmo sentido que o movimento pietista influenciou a empreita missionária americana no século XIX.

Finalmente, é importante destacar que a teologia pietista místico-contemplativa fez grande eco na hinologia cristã. Passou-se a cantar sobre a contemplação da cruz de Cristo e de seu sofrimento, com consequente perdão dos pecados, sobre o relacionamento do homem com Deus, e outros de cunho sentimentalista.

2.4. O presbiterianismo em terras brasileiras

Tendo em vista que a instauração e desenvolvimento do presbiterianismo no Brasil enseja um extenso e acurado estudo, que suplanta o objeto da presente pesquisa, ateremo-nos a apenas alguns eventos e personagens salutares para esta compreensão.

Devemos destacar, de início, que duas questões favoreceram o ingresso dos missionários no Brasil: as disposições do Imperador e a necessidade que o Brasil tinha de imigrantes (LÉONARD, 2002, p. 53).

D. Pedro II via a imigração como algo absolutamente necessário para o seu programa de civilização, e apreciava os primeiros missionários protestantes em virtude dos seus conhecimentos e por conta dos serviços práticos que poderiam prestar ao país.

Ainda que não pactuasse com o proselitismo pretendido por aqueles missionários, via neles menor perigo para o Estado do que o catolicismo ultramontano dos padres vindos da Europa, já que este último devia principalmente autoridade ao papa, e não ao governante.

2.4.1. Robert Reid Kalley e a primeira igreja protestante do Brasil

O representante da Sociedade Bíblica na capital do império era o pastor presbiteriano Rev. James Cooley Fletcher, que também era secretário da legação dos Estados Unidos, o que lhe abriu inúmeras portas, inclusive do Palácio Imperial (idem, p. 55).

Cedendo à insistência de Fletcher, chega ao Rio de Janeiro, em 10 de maio de 1855, um missionário e médico escocês, Robert Reid Kalley, que pouco tempo depois constituiria a primeira igreja protestante do Brasil.

Em virtude das perseguições instauradas na ilha da Madeira, onde mantinha uma obra de evangelização juntamente de um ministério de assistência médica beneficente, Kalley se viu obrigado a partir daquele lugar junto dos seus prosélitos, instalando-se nos Estados Unidos. Pouco depois, veio para o Brasil para ajudar na difusão do evangelho.

Era colportor, mas estava convencido que não bastava a simples distribuição de Bíblias, motivo pelo qual se empenhou na evangelização das pessoas. Contudo, certamente por conta das experiências que tivera na ilha da Madeira, Kalley era deveras cauteloso, o que gerou críticas por parte dos missionários que chegaram após ele ao Brasil.

Kalley foi responsável pelo primeiro batismo de um brasileiro no Rio, em 11 de junho de 1858. A data é considerada como a de fundação da Igreja Evangélica, posteriormente chamada de Fluminense.

O médico escocês era casado com Sarah Poulton Kalley, que tinha influências da teologia puritana e avivalista.

Sarah participou da organização dos *Salmos e Hinos*, que se trata do primeiro hinário evangélico brasileiro, sendo que muitos dos hinos ali constantes são de sua própria autoria.

Não obstante sua grande prudência, o fato é que o ministério de Kalley foi absolutamente produtivo, haja vista a fundação da primeira Igreja protestante brasileira, o respeito que obtivera junto às autoridades, assim como o reconhecimento de sua atividade tanto civil quanto religiosa. Não há como negar que Kalley abriu um caminho coeso para a implantação do protestantismo no Brasil.

2.4.2. Ashbel Green Simonton e o início do presbiterianismo no Brasil

Foi em 12 de agosto de 1859 que desembarcou no Rio o Rev. Ashbel Green Simonton.

Com apenas 26 anos, Simonton foi o primeiro missionário enviado pela Igreja Presbiteriana dos Estados Unidos, e sua chegada demarca também o início do presbiterianismo no Brasil.

Aquele jovem, nascido em Dalphin, Pennsylvania, estava muito entusiasmado com aquela empreita missionária.

Não podemos deixar de citar que Simonton também sofrera influência do despertamento Americano e daquele espírito pietista que permeava as colônias americanas, inclusive no tocante ao ardor do ministério missionário, o que pode ser destacado como um dos motivos de sua vinda ao Brasil.

Alderi Souza de Matos nos destaca que:

> [...] ao completar vinte e dois anos, Simonton preocupava-se por ainda não ter fixado o objetivo da sua existência. Em pouco tempo, tais dúvidas seriam dissipadas por um grande reavivamento religioso ocorrido em sua região. Há mais de um século, desde o tempo dos puritanos da Nova Inglaterra, o fenômeno dos avivamentos havia se tornado uma característica marcante do protestantismo norte-americano. Esses avivamentos, que surgiam periodicamente em diferentes lugares, geravam um grande interesse por questões de ordem espiritual em indivíduos, igrejas e comunidades inteiras.
>
> Em conseqüência de um fenômeno dessa natureza ocorrido em sua igreja, Simonton procurou tornar mais explícito o cristianismo evangélico que sempre fôra parte importante do seu ambiente familiar e de toda a sua formação. Ele passou a ver a experiência religiosa como algo profunda-

> mente decisivo para a sua realização pessoal. Visto que a fé diz respeito aos fundamentos da existência humana e aos significados últimos da realidade, seria uma grande insensatez não devotar a essas questões uma profunda atenção.[9]

Mendonça (2008, p. 275), contudo, afirma que ao mesmo tempo em que Simonton foi influenciado religiosamente pelos avivamentos, trazia junto a isso as marcas do conservadorismo dos puritanos calvinistas, especialmente cunhados por conta de seus estudos no Seminário de Princeton.

Não obstante, por conta desse entusiasmo, apresentava-se de forma bastante distinta de Kalley, o qual era muito mais moderado em seus atos. Contudo, principalmente em virtude do não conhecimento da língua pátria, Simonton se viu obrigado a acatar os conselhos mais moderados de Kalley, iniciando sua empreita em terras brasileiras como uma espécie de capelão entre os anglo-saxões da capital.

No ano seguinte, recebeu auxílio de sua irmã e de seu cunhado, o Rev. Blackford, o que não alterou significativamente seus procedimentos.

Foi apenas em 19 de maio de 1861 que Simonton deu início às pregações na língua portuguesa.

Posteriormente, pautados nas memórias de Kidder e Fletcher, os missionários americanos tinham planos de se transferir para São Paulo e região, já que se tratava de um campo mais fértil para a propagação da mensagem protestante. Blackford instalou-se em São Paulo, já a sede da missão permaneceu no Rio.

---

[9] Disponível na <http://www.mackenzie.br/15610.html>. Acesso em 05.Set.2013.

O esforço daquelas comunidades protestantes foi notável, contudo, não bastou para a formação de uma base, haja vista seu reduzido número de participantes, que na maioria eram estrangeiros, bem como em virtude de sua constituição social (LÉONARD, 2002, p. 63).

2.4.3. José Manuel da Conceição e a abertura do protestantismo ao interior do Brasil

O real alicerce do protestantismo brasileiro deu-se com José Manuel da Conceição e a pequena cidade de Brotas.

Enquanto que os missionários americanos labutavam junto ao Rio e São Paulo, sendo certo que suas comunidades albergavam muito mais estrangeiros do que brasileiros, Conceição foi o responsável pelo estabelecimento do protestantismo no interior do Brasil.

Por meio de seu ministério, não apenas indivíduos isolados, mas famílias extensas e sólidas foram atingidas pela mensagem protestante.

Sua história é curiosa.

Conceição foi padre, e nutria um forte desejo reformador. Além disso, desde cedo manteve bom relacionamento com protestantes estrangeiros, que o influenciaram, sobretudo quanto à leitura. Referidos posicionamentos, mais tarde, lhe valeram o título de “padre protestante”, bem como fomentaram a suspeita da autoridade diocesana.

Somam-se a isso as diversas crises vocacionais que Conceição foi acometido, as quais culminaram no surgimento de outro codinome, qual seja de "padre louco". Essas crises o assemelham muito a Lutero.

Diversas proposições de Conceição o colocavam muito mais ao lado da teologia reformada do que da católica. Um exemplo disso eram as confissões das noivas que procuravam o padre antes de se casarem, às quais Conceição respondia: "Eu e você precisamos nos confessar a Deus e não aos homens." (idem, p. 64).

Conceição tinha fortes raízes em Brotas. Foi ali também que o "padre protestante" exercera seu último ministério enquanto católico. Além disso, a empreita dos seus amigos missionários naquela cidade, com excelentes resultados, serviu de estímulo para Conceição, que deu início a uma série de pregações de casa em casa.

O Rev. Blackford, atraído pela fama do "padre protestante", foi ter com esse. Conceição, cedendo às suas exortações, batizou-se na Igreja Presbiteriana do Rio em 23 de outubro de 1864.

Por conta do trabalho do ex-padre naquela região, durante muito tempo, a Igreja de Brotas foi uma das maiores igrejas protestantes do Brasil.

Conceição estava muito mais preocupado com a difusão da mensagem do Evangelho do que com qualquer organização eclesiástica. Aliás, essa questão de organização era exatamente uma das divergências que tinham o levando a se desligar da igreja católica romana.

Ademais, a despeito dos missionários americanos, ele não tinha preocupação de desconstituir qualquer hábito religioso encontrado entre o povo brasileiro. Entendia que devia respeitar os hábitos e cultura brasileira, já que aclaravam uma fé profunda e sincera do povo.

Por isso, ainda que não tenha rompido com os missionários americanos, José Manuel da Conceição caminhava de forma distinta daqueles no tocante a propagação da mensagem do evangelho. Enquanto que aqueles primavam pelo ministério organizado e a propaganda confessional, Conceição se dedicava a um ministério de caridade e instrução religiosa entre os mais humildes.

Existem inúmeras outras peculiaridades na vida de José Manuel da Conceição que poderiam ser aqui citadas. Contudo, limitados aos nossos objetivos, importou-nos por ora destacar algumas delas com a finalidade de apontar sua absoluta importância para a instauração de um presbiterianismo brasileiro.

2.5. Características do culto protestante e da Santa Ceia nas Igrejas Reformadas brasileiras de confissão calvinista

Reitere-se, por salutar que, na segunda metade do século XVIII, a Igreja da Inglaterra declinou porquanto cedeu a um excesso de formalismo, fraqueza da pregação e do clero. A Igreja, naqueles moldes, não tinha condições de responder às necessidades daquela sociedade. É nesse contexto que surgiu John Wesley que, ao inverso de tentar atrair as pessoas para o interior da igreja, passou, junto aos seus colaboradores, a buscar essas pessoas nas fábricas e nas praças.

Além de sua pregação bastante simplista, apelativa, conversionista e pietista, Wesley ainda se valia de cânticos que muitas vezes consistiam em melodias populares adaptadas. Sua intenção evidente era atingir aquela população em suas necessidades, a partir de uma linguagem acessível e eficaz.

2.5.1. Particularidades do culto protestante brasileiro

Com relação ao culto que chegou ao Brasil, em que pese a utilização do Livro de Oração Comum da Igreja Anglicana, é certo que seu uso não suplantou as cerimônias especiais, como casamentos, ofícios fúnebres, entre outros.

Os cultos propriamente ditos seguiram outra direção.

Cite-se como exemplo os cultos familiares realizados por Kalley em sua residência situada na vizinhança de Petrópolis, bem como aqueles realizados pelos seus colaboradores leigos, que o acompanharam desde a ilha da Madeira. Esses cultos não permitiam a utilização de aparatos litúrgicos mais complexos.

Os missionários americanos, que na sua maioria eram procedentes dos movimentos de reavivamento, tanto nas igrejas quanto nos acampamentos, mantiveram prática semelhante à de Kalley.

Ademais, o culto protestante no Brasil, nas igrejas consideradas como não litúrgicas[10], sobretudo por conta dessa influência pietista wesleyana, cu-

[10] Segundo Prócoro Velasques Filho, no Brasil, compreendem-se nas Igrejas Litúrgicas as Igrejas luteranas e a Igreja Episcopal do Brasil. As Igrejas não litúrgicas são aquelas que, em razão da herança puritana, pietista, e dos reavivamentos ocorridos nos séculos XVIII e XIX, caracterizam-se pela prática de um culto que foge às fórmulas prefixadas, e aos rituais e ao aparato litúrgico.

nhou-se a partir da centralidade na pregação. Velásques ainda afirma que: "Se no catolicismo a centralidade do culto repousa no mistério da missa, particularmente na transubstanciação, o culto protestante tem seu centro na pregação." (2002, p. 159)

Essa ênfase na pregação também aponta para os traços carismáticos advindos da pluralidade de teologias no culto protestante brasileiro, e consiste na união mística da pessoa com Cristo, revelando de forma clara sua origem histórica no pietismo.

Nos templos dessas igrejas não litúrgicas, o altar passou a ostentar o nome de "púlpito" e, como já dito, a pregação conquistou assim o lugar mais privilegiado da celebração. Orações, hinos, e até mesmo a Eucaristia, funcionam como simples apêndices do culto. Esta última, segundo Velásques Filho, se apresenta secundariamente, na forma de pedacinhos de pão e suco de uva, precedidos de oração, cântico e um texto bíblico ministrado ao final do serviço (p. 156).

2.5.2. Hinologia

Segundo Mendonça (2002, p. 174), possivelmente, o avivamento de Wesley foi também o ponto de partida de uma escola hinológica que mais tarde iria se cristalizar no protestantismo brasileiro.

Esses cânticos (ou coros, como ele mesmo denominava), valiam-se de melodias populares, ritmos fortes, e apelavam para a conversão, vida piedosa, quase sempre na primeira pessoa do singular, apontando para um forte individualismo.

Detinham o evidente condão de ratificar e estender sua mensagem conversionista.

Ele ainda nos destaca que a rica produção dos séculos XVIII e XIX, reunida, por exemplo, no *Salmos e hinos* - que se trata do hinário mais tradicional e que exerceu maior influência no protestantismo brasileiro (p. 178), é profundamente influenciada pela teologia de Wesley.

Com poucas exceções, referidos cânticos apresentam-se em apoio à pregação conversionista central e à lógica wesleyana pietista: individualismo, voluntarismo e a pedagogia e emocionalismo pietistas. Ademais, são poucos os cânticos desse hinário que oferecem subsídios litúrgicos. Todo o hinário é orientado para evangelização e consagração pessoais, em apoio para o sermão conversionista.

2.5.3. A Eucaristia

As mudanças litúrgicas da Reforma e pós-Reforma enfrentaram muitos problemas, quer seja fundamentais, quer seja de ordem secundária.

Um dos problemas fundamentais, com extensas consequências para as Igrejas Reformadas, trata-se das disputas em torno dos sacramentos, as quais assumiram pelo menos três aspectos, quais sejam: sentido, lugar no culto e tempo.

O medo pelo simbolismo excessivo por parte de diversas tradições históricas, fez com que muitas delas promovessem quase que um integral esvaziamento simbólico dos sacramentos.

Trataremos aqui, porquanto objeto da presente pesquisa, exclusivamente do sacramento da Eucaristia, não no que tange às complexas distinções teológicas ocorridas na história da Reforma, mas no tocante à sua conexão com o culto nas igrejas protestantes do Brasil.

Inicialmente, devemos voltar nossos olhos para o lugar, ou seja, o momento em que acontece a Eucaristia no culto protestante brasileiro, mais especificamente nas Igrejas Presbiterianas.

Embora essas igrejas façam indicações simplistas sobre a ordem do culto, apresentam as fórmulas para celebração da Santa Ceia, em seus manuais, como apêndices, peças independentes (MENDONÇA, 2002, p. 180).

Tal observância, a rigor, protela a celebração da Eucaristia para o final do culto, como uma peça acessória, sem a qual o culto não sofreria qualquer prejuízo.

Nestes moldes, segundo Mendonça (2002), ocorrem um triplo prejuízo: a Santa Ceia passa a ser um acessório, e não o centro da vida cristã; fica obscurecida por todas as outras partes do culto; e aponta para a sensação de um final triste, a despeito do triunfo e esperança cristã.

Essa localização acessória da Santa Ceia no culto cristão brasileiro tem ao menos duas razões.

Conforme já afirmado, o culto protestante no Brasil sempre foi essencialmente conversionista e reavivalista. Mendonça ainda nos destaca que os missionários não foram capazes de estabelecer uma distinção clara entre reunião evangelística e de culto.

Diante da impossibilidade de conciliar as duas questões, ambas se distinguiram no conceito e na prática. Em uma reunião religiosa na qual se pregava um extenso sermão evangelístico, normalmente acompanhada por apelo à conversão e hinos que aliavam a lógica do sermão a elementos emocionais, seguia-se a celebração da Santa Ceia para os já convertidos, batizados e confirmados.

Note-se que as duas questões, ainda que ocupassem o mesmo culto (ou melhor, a mesma reunião evangelística), não se homogeneizavam enquanto culto, mas uma precedia a outra, de forma que a Santa Ceia foi se consagrando, longo dos anos, como acessório do culto, cujo principal momento, conforme já destacado, era a pregação.

Portanto, a primeira razão é de cunho prático.

Já a segunda é de ordem teológica.

Não obstante as Igrejas Presbiterianas advirem historicamente do calvinismo, no tocante à Eucaristia, são zwinglianas (idem, p. 180-181).

É possível que esse fenômeno tenha se dado por conta da necessidade de demarcar os limites entre a nova proposta que era apresentada aos brasileiros e a própria religião que já residia no Brasil, o catolicismo.

Neste contexto, a proposta mais radical de Zwínglio causaria menor problema de assimilação da teologia Reformada acerca da Santa Ceia.

E isto porque, a proposta memorial zwingliana contrapunha claramente a questão da transubstanciação praticada pela Igreja Católica.

Na perspectiva zwingliana, os elementos nada mais eram do que indicadores de que algo aconteceu em um passado distante. Já na católica, o corpo de Cristo estava literalmente presente no momento da Eucaristia.

Portanto, até didaticamente, para efeito de total distinção entre as propostas, a questão memorial de um passado distante, apresentava maior afastamento entre a posição reformada e a posição católica a respeito da Eucaristia.

Citando Carl Joseph Hahn, Mendonça nos aclara que as primeiras celebrações eucarísticas promovidas por Kalley limitavam-se à simples comemoração de algo que aconteceu no passado.

> O quase esvaziamento é evidente. Não é demais avançar o elemento pedagógico que parece estar presente nesse conceito e prática: afastar a concepção católica da Eucaristia, de um lado, e contornar complicações de ordem teológica e filosófica da posição menos radical calvinista da presença espiritual, de outro. (idem, p. 181)

Ademais disso, os missionários do século XIX não eram muito favoráveis à posição calvinista quanto a presença mística e espiritual de Cristo na Eucaristia, não obstante sua herança calvinista e puritana.

O próprio Alfredo Borges Teixeira, teólogo comumente aceito nos meios protestantes mais conservadores, se apresentou mais favorável à perspectiva zwingliana, ou seja, do mero símbolo do corpo e do sacrifício de Cristo, que não era recebido fisicamente, mas única e tão somente subjetivamente, mediante a fé, como um memorial da morte de Cristo, afastando ao máximo as questões místicas e sobrenaturais.

Teixeira ainda destacava que o posicionamento de Calvino no tocante a presença espiritual e mística na Santa Ceia extrapolava os ensinamentos bíblicos.

Tendo em vista que Alfredo Borges Teixeira foi formado pelos primeiros missionários presbiterianos no Brasil, é mais do que possível que estes tenham sido muito mais zwinglianos do que calvinistas.

Mendonça ainda chama atenção para o fato de que os manuais de culto são ambíguos e apontam para uma clara insegurança no que tange ao sentido dos elementos na Eucaristia, ainda que tendam em maior parte à questão memorial. Em vista disso, resta cristalino o consequente esvaziamento do Sacramento, já que nestes termos, a Santa Ceia se reduz a um evento que ocorreu no passado, sem nenhuma atualização da presença do Senhor à mesa.

Ele ainda observa que, não obstante o que se verifica nos manuais de culto nas Igrejas Presbiterianas brasileiras, é certo que a Confissão de Westminster, aceita como símbolo de fé pelas principais Igrejas Presbiterianas no Brasil, foi cunhada nos termos da proposição calvinista acerca da Santa Ceia.

Eis o que o consta no artigo VII, Capítulo XXIX da Confissão de Fé de Westminster:

> VII. Os que comungam dignamente, participando exteriormente dos elementos visíveis deste sacramento, também recebem intimamente, pela fé, a Cristo Crucificado e a todos os benefícios de sua morte, e dele se alimentam, não carnal ou corporeamente, mas real, verdadeira e espiritualmente; não estando o corpo e o sangue de Cristo, corporal ou carnalmente nos elementos, pão e vinho, nem com eles ou sob eles, mas estão, espiritual e realmente, pre-

> sentes à fé dos crentes nessa ordenança, como estão os próprios elementos em relação a seus sentidos corporais.

Mendonça finaliza, como síntese, que existem duas questões que se convergem em verdadeiros problemas com relação a Eucaristia nas Igrejas Presbiterianas no Brasil: o lugar acessório que o Sacramento ocupa no culto, e a insegurança teológica que se revela no conceito e na prática.

3. A PRÁTICA DA SANTA CEIA NAS IGREJAS PRESBITERIANAS INDEPENDENTES DO BRASIL

Feita esta apertada síntese acerca da Santa Ceia, analisando-a especialmente a partir do pensamento reformado do século XVI até a chegada e desenvolvimento do culto Protestante ao Brasil, ultimando verificar a prática adotada nas Igrejas Presbiterianas Independentes do Brasil, elegemos como exemplo, para efeitos de cotejo, três dessas igrejas radicadas na capital de São Paulo.

Tal delimitação se dá, repita-se, exclusivamente para efeitos de verificação exemplificativa da prática eucarística, o que não significa dizer que as ocorrências aqui descritas são adotadas com uniformidade em todas as Igrejas Presbiterianas Independentes do Brasil.

Para uma melhor aclaração do que pretendemos expor, as igrejas eleitas como exemplo para balizar a presente análise, serão nomeadas como "A", "B" e "C".

Referido posicionamento ora é observado para que não haja qualquer exposição de igrejas ou ministros, já que não se trata do nosso objetivo, o qual se limita ao cotejo entre as doutrinas eucarísticas da *Confissão de Fé da Guanabara* e as Igrejas Presbiterianas Independentes do Brasil.

Esclarecemos ainda que os elementos a seguir relatados foram extraídos dos cultos eucarísticos das igrejas citadas, visitadas ao longo dessa pesquisa.

Destacamos também que serão abordadas apenas as questões relativas a liturgia da Santa Ceia, que nos três casos analisados, se deu dissociada dos demais atos cultuais.

3.1. A prática da Santa Ceia verificada na Igreja Presbiteriana Independente do Brasil "A"

A primeira questão que entendemos pertinente ser destacada com relação à igreja "A", consiste no fato de que a Santa Ceia, no boletim litúrgico, deu-se totalmente divorciada dos demais atos litúrgicos.

É tanto que, não obstante os períodos de ofertório, avisos e envio ter se dado após a Santa Ceia, esta constou, inclusive, em página separada naquele boletim, ao final de todos os atos litúrgicos, como um apêndice.

Após a liturgia da Palavra, com a leitura de Ef 6:10-17, constou do boletim o momento da Santa Ceia. Entretanto, todo o ato eucarístico, foi listado na folha final daquele boletim.

Superada esta questão, passamos a liturgia da Santa Ceia ocorrida na igreja "A".

Na toalha que cobria a mesa a frase: "Em memória de mim".

Após chamar quatro presbíteros, o ministro oficiante iniciou a leitura bíblica de 1Cor 13:23-34, o oficiante destacou alguns pontos sobre a perícope lida, dando clara importância à questão do exame pessoal para participação da mesa do Senhor.

Destacou que a indignidade daqueles crentes da igreja de Coríntios era clara por conta de todas as suas atitudes já apresentadas pelo apóstolo em sua carta, e não apenas por conta do posicionamento daqueles, apontado no capítulo 11.

No que pertine a celebração da Santa Ceia, especificamente, o ministro oficiante, após lavar as mãos ritualisticamente com auxílio de dois dos presbíteros que estavam juntos à mesa, apresentou os elementos à igreja, cuidando de destacar que o pão se trata do corpo, e o suco de uva do sangue de Cristo. Ao participar da mesa do Senhor, esclareceu, é possível participarmos do seu corpo e sangue.

Acentuou, quatro vezes – direcionando-se para a igreja como se dividida em quatro partes, a importância da igreja em participar da Santa Ceia rememorando o evento bíblico, citando enfaticamente a parte final do versículo 24 do texto de 1Co 11: "fazei isto em memória de mim".

Orou ainda o ministro consagrando os elementos, chamando-os pelo nome que representam: "[...] que esse corpo e esse sangue [...]"

Nessa mesma oração de consagração, o ministro oficiante também afirmou:

> [...] que esse pão, que se transforma agora, por meio dessa consagração, no corpo de Cristo, e esse sangue, que do mesmo modo, se transforma no sangue do Cordeiro, que foi morto e ressuscitou, traga vida, renovo, alegria, disposição e consolo a todo aquele que participar dessa mesa.

Feitas as orações, o ministro oficiante cuidou de deixar clara a questão de que a mesa é do Senhor, e, portanto, não cabe à igreja avaliar quem pode ou não participar.

Afirmou ainda que, mesmo que alguém não estivesse à vontade para participar da mesa, que se esforçasse em fazê-lo, e "viesse da forma que estivesse", pois Deus verifica o coração. Essa afirmação foi de encontro com o que o ministro postulou no início da liturgia eucarística, quando foi enfático no tocante a necessária purificação para participação da mesa do Senhor.

Solicitou o auxílio de mais quatro presbíteros, para estarem nos corredores da igreja com as bandejas contendo os pequenos copinhos de suco de uva e os pedacinhos de pão. Explicou aos presentes que dividissem os corredores em duas partes, indo por uma fila até os presbíteros, participando da Santa Ceia, e retornando aos seus lugares.

Em continuidade, ao som do grupo de louvor daquela igreja, que cantava a música "Você é marcado"[11], os presentes se dirigiram àqueles presbíteros, comendo o pão e bebendo o suco de uva enquanto regressavam aos seus lugares.

Após todos terem participado, os presbíteros auxiliadores retornaram à mesa, endo servidos pelo ministro, este que, por fim, tomou o suco de uva em um belo cálice, não nos copinhos de plástico, e comeu um pedaço de pão.

Finalizada a liturgia da Santa Ceia, seguiu-se o ofertório, avisos e envio.

---

[11] Em que pese a autoria não ter constado da liturgia e nem na projeção, trata-se de música de autoria de "Brás Adoração". Disponível na <http://letras.mus.br/bras-adoracao/voce-marcado/>. Acesso em 06.Set.2013.

Não houve qualquer outra adução sobre a celebração eucarística naquele culto.

3.2. A prática da Santa Ceia verificada na Igreja Presbiteriana Independente do Brasil "B"

Na igreja "B", a exemplo da igreja "A", a liturgia da Santa Ceia constou do final do boletim, contudo, não em folha separada.

A prédica deu-se a partir do texto constante do livro Lc 16:1-9, que corresponde à parábola do mordomo infiel.

Após a prédica, houve período de oração pelos necessitados, ofertório e avisos.

Em seguida, o ministro oficiante anunciou a Santa Ceia, solicitando o auxílio de apenas dois presbíteros.

Trata-se de uma pequena igreja, sendo suficiente o auxílio de dois presbíteros para a distribuição dos elementos à toda comunidade.

O texto lido foi o de Lc 22:1-20.

O ministro fez uma breve exposição do texto bíblico, enfatizando a presença real espiritual de Cristo na Santa Ceia, citando que não devemos participar do evento eucarístico apenas em memória de Cristo.

Propôs o exame pessoal de cada um, destacando, contudo, que não cabe à igreja negar a participação da Santa Ceia, porquanto a mesa é do Senhor.

Advertiu para que no momento da participação, a igreja o fizesse de forma bastante consciente e contrita, em reverência ao ato salvífico de Cristo Jesus. Chamou também atenção para o fato de que não se trata de um *fast food*, para que a igreja participasse com calma, "saboreando" aquele momento de comunhão com o próprio Cristo.

Feitas estas considerações, o ministro orou em consagração dos alimentos, destacando se tratar de sinais visíveis e inteligíveis da graça de Jesus Cristo para com a humanidade.

Aduziu ainda o ministro que a substância dos elementos não é importante. Em suas palavras, não importa se é vinho puro ou com água, suco de uva, pão com ou sem fermento. O que importa é que estes são sinais visíveis de Deus aos seres humanos, considerando nossa limitação.

Após isso, convocou a igreja para que fosse até a mesa, comendo o pão e tomando o suco de uva que eram servidos individualmente pelos presbíteros.

Nesse momento, o organista tangia uma música branda, enquanto aquela pequena igreja se direcionava à mesa da Eucaristia, comendo e bebendo, em tom de introspecção e silêncio.

Após a participação da igreja, aquele ministro serviu os presbíteros, que depois de participarem serviram o ministro. Todos usaram os mesmos copinhos plásticos e todos se alimentaram do mesmo tipo de pão – pequenos pedacinhos.

Finalizada a Santa Ceia, os presbíteros cobriram os elementos que restaram na mesa e se retiraram para os seus lugares.

O ministro impetrou a benção final e enviou a igreja exortando para que todos continuassem refletindo acerca do ato da Santa Ceia, no qual pudemos participar dos benefícios de Cristo.

3.3. A prática da Santa Ceia verificada na Igreja Presbiteriana Independente do Brasil "C"

Na terceira igreja visitada, que intitulamos por igreja "C", verificamos um posicionamento muito parecido com a igreja "B".

A prédica naquela manhã foi sobre o texto de Fp 2:3-11.

Logo após, o ministro oficiante deu início à liturgia da Santa Ceia, chamando os(as) presbíteros(as) e outros pastores presentes para auxilia-lo, estes que se posicionaram ao seu lado, atrás da mesa da Eucaristia.

Nesta, fez a mesma leitura que verificamos na igreja "A", qual seja 1Co 11: 23-34.

Não teceu quaisquer comentários acerca do texto lido.

Aliás, fez a leitura dos versículos 23 e 24 tomando o pão e partindo-o, lendo posteriormente o versículo 25, quando tomou um cálice e uma jarra com suco de uva, derramando-o naquele cálice.

Com esses elementos nas mãos iniciou uma oração, consagrando-os.

Nesta, fez questão de enfatizar a permanência da substância dos alimentos, destacando que estes, naquele momento, representam a presença espiritual de Cristo na comunhão.

Após, exortou acerca da necessidade de um exame individual pela igreja, tomando como exemplo a igreja de Coríntios e o texto lido inicialmente. Destacou a necessidade de que a igreja conclame as misericórdias de Deus e seu perdão para poder se aproximar da mesa do Senhor.

Asseverou que cabe a cada indivíduo presente, única e tão somente, essa verificação, aclarando, assim como na igreja "A" e "B", que a mesa é do Senhor, e não daquela igreja.

Cada um daqueles presbíteros e pastores auxiliares tomaram às mãos as bandejas com os pequeninos copos de plástico ou pedacinhos de pão, posicionando-se na frente da mesa da Eucaristia. A igreja foi convidada para ir até os(as) presbíteros(as) e pastores que portavam as bandejas, a fim de participar da Santa Ceia.

Aquele ministro pediu que a igreja tomasse os elementos nas mãos e retornasse aos seus lugares, a fim de que todos participassem juntos da mesa do Senhor.

Enquanto a igreja se direcionava à mesa, o coral entoou os hinos "Tu és fiel" – CTP 63 e "Maravilhosa Graça" – CTP 133.

Ao passo que todos já estavam em seus lugares, de posse dos elementos, inclusive os(as) presbíteros(as) e pastores, o ministro conduziu para que todos participassem juntos, comendo o pão e tomando o suco de uva.

O momento de participação foi seguido de uma oração de gratidão feita pelo ministro, especialmente pelo sacrifício vicário e pela oportunidade de participar daquela mesa, proporcionada pelo Espírito Santo, mediante o qual temos participação plena em Cristo, nos benefícios que nos são proporcionados pela Eucaristia.

A Santa Ceia foi seguida por uma apresentação das crianças de uma das salas da Escola Bíblica Dominical, que cantaram "Juntos na mesma fé" – CTP 301. A apresentação foi seguida de ofertório e avisos.

Quanto do envio, o ministro reiterou a maravilhosa oportunidade de participarmos da mesa e dos benefícios do Senhor mediante a Eucaristia, exortando a igreja que permanecesse refletindo sobre isso.

Após benção e envio, amém tríplice, poslúdio, silêncio e encerramento do culto.

4. O COTEJO ENTRE O PENSAMENTO PRÁTICO ACERCA DA SANTA CEIA NA IGREJA PRESBITERIANA INDEPENDENTE DO BRASIL E A DOUTRINA CONSTANTE DA CONFISSÃO DE FÉ DA GUANABARA

No capítulo anterior, apresentamos uma apertada síntese sobre a prática da Santa Ceia verificada em cada uma das três Igrejas Presbiterianas Independentes do Brasil visitadas (A, B e C).

Intentamos com isso fazer algumas comparações da prática dessas igrejas com a prática defendida por aqueles huguenotes na *Confissão de Fé da Guanabara*, o que se dará nas próximas linhas do presente trabalho.

4.1. A Santa Ceia pela *Confissão de Fé da Guanabara*

Vemos, no artigo V daquela confissão de fé, que aqueles autores tinham uma verdadeira preocupação, obviamente que mediante o contexto em que viviam, em ratificar os ensinos reformados no sentido de que os elementos da Eucaristia não se dão por meio de transubstanciação.

Afirmam, contudo, que os elementos da Santa Ceia não podem ser confundidos com o pão e o vinho que são dedicados ao uso comum, já que os utilizados na Eucaristia se tratam de um sinal sacramental. Deve ser observado, entretanto, que a recepção eucarística do corpo e sangue de Cristo somente é possível mediante a fé, não havendo nada de carnal nesse ato.

Os sinais advindos do sacramento não dão a verdade ao participante, nem tampouco a coisa significada. É Jesus quem alimenta, preserva as almas e as faz participantes da sua carne, de seu sangue e de todos os seus benefícios.

Os elementos objetam que o participante eleve os seus olhos aos ceus, contemplando, pela fé, o Filho de Deus, o Senhor Jesus Cristo, sentado à destra de Deus pai.

Lendo as proposições constantes do artigo V da *Confissão de Fé da Guanabara*, notamos que aqueles autores estavam absolutamente alinhados à teologia eucarística de João Calvino.

Como já vimos, assim como constou desse artigo V, Calvino aponta para a necessidade da alimentação da alma do crente, esta que não é possível a partir de alimentos perecíveis, mas única e exclusivamente a partir de um manjar superior, qual seja o próprio Jesus Cristo.

Reitere-se que para Calvino, o crente, mediante sua fraqueza, não está habilitado para receber a Palavra do Senhor simplesmente a partir da doutrina e pregação, motivo pelo qual Deus acrescentou à sua Palavra um sinal visível, qual seja a Santa Ceia. É nela que o sacramento se torna inteligível ao crente, sendo-lhe possível usufruir de seus benefícios.

Os autores da *Confissão de Fé da Guanabara*, assim como Calvino, estavam convencidos de que toda a utilidade que o crente deve procurar na Santa Ceia é inexistente se Jesus Cristo não é colocado como a realidade e fundamento de tudo. Portanto, frise-se, nada de carnal pode advir da Eucaristia, mas apenas o que é espiritual.

Em ambos os casos, a Eucaristia serve para contemplar o Senhor Jesus Cristo, e participar de seus benefícios. Portanto, se Jesus Cristo não for o centro da Eucaristia, transferindo-se esse núcleo para os elementos ou qualquer outro dado, o sacramento se torna nulo.

Esse participar ativamente de Jesus Cristo e de seus benefícios, dá-se em virtude da sua presença no sacramento. Considerando, contudo, que nada há de carnal na Santa Ceia, essa presença real do Cristo somente é possível por meio do Espírito Santo.

Ou seja, tanto para Calvino quanto para os autores da *Confissão de Fé da Guanabara*, a presença de Cristo na Eucaristia é absolutamente real, mas ao mesmo tempo, é absolutamente espiritual, já que o sacramento não comporta nada de carnal.

Ainda, no artigo VI, os autores tratam a respeito da modificação do vinho.

Lembremo-nos que Cointac defendia que o vinho da Santa Ceia deveria ser misturado com água, tal como alguns teólogos fizeram anteriormente, fundamentando-se no fato de que o corpo de Jesus Cristo teria vertido água quando pendurado no madeiro.

Aqueles huguenotes, em compasso com Calvino, afirmavam que tal premissa não poderia ser observada, haja vista que não se sustentava pelas Escrituras. Caso fosse necessária a mistura perseguida por Cointac, certamente esta determinação teria constado dos escritos bíblicos, o que não ocorreu.

Finalmente, no artigo VII da *Confissão*, os autores tratam da consagração dos elementos pelo ministro, que deve fazê-lo diante da comunidade mediante linguagem inteligível.

Afirmam ainda que a celebração do sacramento deve seguir os parâmetros deixados pelo próprio Senhor Jesus Cristo nas Escrituras, com destaque para a morte e paixão do Senhor.

Em complementação, finalizam dizendo que a consagração não pode ser feita por meio de pronunciamento secreto, já que o próprio Jesus Cristo dirigiu suas palavras aos seus discípulos, ordenando-os que tomassem e comessem.

Nisso aqueles huguenotes também pactuam com a posição de Calvino, quando este se opõe à missa, como já destacado anteriormente.

Conclui-se, portanto, que a teologia da Santa Ceia constante da *Confissão de Fé da Guanabara*, não apresenta qualquer disparidade em relação a teologia de João Calvino, especialmente aquela verificada no *Pequeno Tratado da Santa Ceia do nosso Senhor*.

4.2. Comparação entre a teologia da Santa Ceia na *Confissão de Fé da Guanabara* e a prática desse sacramento nas Igrejas Presbiterianas do Brasil

Conforme já destacado, para efeitos de pesquisa, foram eleitas três Igrejas Presbiterianas Independentes do Brasil, situadas na capital de São Paulo, as quais foram definidas como “A”, “B” e “C”.

Verificamos distinções entre essas três igrejas visitadas, especialmente no tocante a Santa Ceia, que é o objeto deste trabalho.

Na igreja "B", o ministro postulou que os elementos são sinais visíveis e inteligíveis da graça de Jesus Cristo para com a humanidade.

Na igreja "C", o ministro enfatizou a permanência da substância dos alimentos após a consagração, destacando que estes, naquele momento, representam a presença espiritual de Cristo na comunhão.

Portanto, é certo que nas igrejas "B" e "C", houve uma preocupação dos ministros oficiantes em indicar que os elementos da Eucaristia permanecem quanto a substância, tratando-se, contudo, de sinais visíveis que apontam para a presença espiritual de Cristo no sacramento.

Com relação aos artigos VI e VII da *Confissão de Fé da Guanabara*, não identificamos disparidade nas igrejas visitadas. É certo que nas três igrejas visitadas, o sangue de Cristo foi representado pelo suco de uva, e não pelo vinho. Contudo, referida questão extrapola o objeto do presente trabalho.

Fato é que, não se verificou centralidade na forma ou substância dos elementos adotados para a celebração da Santa Ceia.

Ainda, especificamente com relação ao artigo VII, temos em que todos os casos, a consagração dos elementos foi procedida pelo ministro e assistida por toda a comunidade participante.

Destarte, nestas igrejas visitadas, nota-se uma paridade da doutrina eucarística defendida por João Calvino e aquela constante da *Confissão de Fé da Guanabara*.

A problemática se dá com relação à igreja "A".

De início, vimos na oração de consagração dos elementos a clara posição do ministro quanto a transformação destes. Notemos sua fala: "[...] que esse corpo e esse sangue [...]"

E ainda:

> [...] que esse pão, que se transforma agora, por meio dessa consagração, no corpo de Cristo, e esse sangue, que do mesmo modo, se transforma no sangue do Cordeiro, que foi morto e ressuscitou, traga vida, renovo, alegria, disposição e consolo a todo aquele que participar dessa mesa.

De início, o ministro não chama o pão de pão e o suco de uva de suco de uva. Chama diretamente o pão de corpo e o suco de uva de sangue.

Poderia parecer um exagero em enxergar distorções, mas fato é aquele ministro continuou sua oração afirmando que: "[...] esse **pão que se transforma** agora [...]" e "[...] esse sangue, que do mesmo modo, **se transforma no sangue** do Cordeiro [...]" (grifo nosso).

A questão da transubstanciação dos elementos em corpo e sangue de Cristo foi expressamente destacada pelo ministro oficiante.

Outra consideração a ser feita sobre a igreja "A" consiste na questão memorial da Eucaristia.

Desde a toalha que cobria a mesa da Eucaristia, até a ênfase dada pelo ministro, por não menos do que quatro vezes, apontam para a maior importância a questão memorial do sacramento.

Ora, a questão memorial, conforme já vimos, foi absolutamente rechaçada por João Calvino, haja vista sua pequenez em relação à presença real e espiritual de Cristo na Santa Ceia.

De igual modo, foi repudiada na *Confissão de Fé da Guanabara*, já que seus autores cuidaram de sistematicamente acentuar a presença real, contudo não carnal - portanto espiritual - do Cristo na Eucaristia.

Não adentraremos no mérito da questão relativa a purificação para participação da mesa, já que extrapola a análise comparativa com a *Confissão de Fé da Guanabara*. Tampouco discorreremos acerca do teor da letra da canção[12] entoada durante a participação da igreja na Eucaristia, já que igualmente, excede o objeto do presente trabalho.

O fato é que a igreja "A", que se trata de uma Igreja Presbiteriana Independente do Brasil, apresentou claras disparidades com a doutrina da Santa Ceia constante da *Confissão de Fé da Guanabara* e, portanto, com a doutrina eucarística postulada por João Calvino.

[12] *"Se o mal vier bater na sua casa; Pra tentar roubar o lar que Deus te deu; Você tranca a porta e ele entra a força; E te deixa sem saber o que fazer; Quando o mal vier bater na sua casa; E encontrar marcas do sangue lá na cruz; Certamente irá sair pois não resiste; O poder que há no sangue de Jesus; Se o sangue dEle está na sua vida; Não há provas de que te jogará no chão; Você poderá até ser abalado, mas Jesus segurará em suas mãos; Nada poderá te destruir; Porque você é marcado, pelo sangue do Cordeiro; Se o inferno vier contra ti, jamais irá te atingir; Você é marcado!"* [Consult. 06-09-2013]. Disponível na <http://letras.mus.br/bras-adoracao/voce-marcado/>

CONCLUSÃO

É notório que a grande divergência entre os reformadores deu-se com relação à Santa Ceia, sobretudo no que tange aos elementos do pão e do vinho.

Enquanto Lutero defendia a presença real de Cristo no sacramento, mas não em forma de transubstanciação, Zwínglio preferiu destacar o caráter memorial na Eucaristia.

Já Calvino, em posição intermediária, postulou a presença de Jesus Cristo na Santa Ceia como real, mas espiritual.

Não é demais reprisar que foi exatamente em virtude das divergências no tocante à Eucaristia que se instauraram as disputas entre o grupo de Villegaignon e aqueles huguenotes na Baía da Guanabara.

É evidente que, além disso, houve um descontentamento por parte de Cointac, já que tinha pretensões quanto à superintendência do episcopado. Entretanto, também é certo que a gênese da contenda se deu em vista da prática eucarística daqueles ministros enviados por Genebra, já que estes seguiam a posição de João Calvino, e Cointac, por sua vez não estava integralmente divorciado de sua fé no papismo.

A riqueza teológica verificada no artigo V da *Confissão de Fé da Guanabara* aclara a importância que os cristãos reformados davam à Eucaristia naquele momento histórico.

Verifica-se, portanto, a centralidade da Santa Ceia para os cristãos reformados no século XVI.

Por outro lado, como vimos em uma das igrejas visitadas para elaboração do presente trabalho ("A"), resta clara e absoluta a distinção da prática da Santa Ceia com relação às proposições de João Calvino sobre o tema, bem como com aquelas defendidas pelos mártires da Guanabara.

Nota-se na igreja "A" uma clara perspectiva memorial do sacramento que, portanto, se aproxima muito mais da teologia de Zwínglio acerca da Eucaristia.

Identificamos, quando discorremos sobre as origens do presbiterianismo no Brasil, que este foi absolutamente influenciado pelo movimento puritano e pelos grandes despertamentos do século XVIII.

Culminou que o culto protestante no Brasil sempre foi essencialmente conversionista e reavivalista e, nestes termos, a Santa Ceia deixou de ser o centro do culto protestante, dando lugar à centralidade da pregação.

Ademais, diante da necessidade de demarcar os limites entre a proposta protestante para o Brasil e o catolicismo romano que aqui já residia, viu-se que a proposta mais radical de Zwínglio causaria menor problema de assimilação da teologia Reformada acerca da Santa Ceia, já que esta contrapunha claramente a questão da transubstanciação praticada pela Igreja Católica.

Reitere-se que na perspectiva zwingliana, os elementos eram apenas indicadores de que algo aconteceu em um passado distante, enquanto que para o catolicismo, o corpo de Cristo estava literalmente presente no momento da Eucaristia.

Destarte, para efeito de total distinção entre as propostas, essa questão memorial apresentava um maior afastamento entre a posição reformada e a posição católica a respeito da Eucaristia.

Neste contexto, além da Santa Ceia perder a sua centralidade no culto protestante, o pouco que dela remanesceu apontou para a questão memorial, e não mais para a presença real-espiritual de Cristo no sacramento.

Portanto, ainda que as igrejas presbiterianas no Brasil sejam herdeiras do calvinismo, é certo que, no que tange a prática, são muito mais puritanas, avivalistas e zwinglianas.

Reitere-se que para aqueles cristãos reformados do século XVI, a Santa Ceia era o ponto central da vida cristã, já que por meio desse sacramento, é possível que o crente participe da mesa do Senhor e de todos os seus benefícios, por meio do Espírito Santo.

Tamanha era a importância, que aqueles huguenotes, porquanto defenderam a doutrina calvinista desse sacramento, foram martirizados.

Em nossos dias, nas igrejas calvinistas analisadas, a Santa Ceia figura em lugar coadjuvante no culto protestante, como simples apêndice. Tal característica se deu, inclusive, naquelas igrejas presbiterianas independentes que não divergiram na questão da presença real-espiritual do Cristo no sacramento (igrejas "B" e "C").

De todo o exposto, conclui-se ser evidente a disparidade entre o postulado na *Confissão de Fé da Guanabara* acerca da Santa Ceia e a prática das igrejas presbiterianas independentes do Brasil visitadas para elaboração do presente trabalho, quer seja em virtude da descentralização da Eucaristia (igrejas "A", "B" e "C"), quer seja em face do entendimento acerca da substância dos elementos eucarísticos (igreja "A").

Concluímos ainda que as referidas distinções deram-se já a partir do ingresso do protestantismo no Brasil, haja vista as influências puritanas e pietistas dos missionários americanos, bem como em vista da opção zwingliana para a Eucaristia, em contraposição a alternativa católica romana.

Ora, nas palavras de Calvino, é exclusivamente por meio da Santa Ceia que é possível ao crente alcançar a confiança na salvação, reconhecer efetivamente a bondade de Deus e, finalmente, ser exortado acerca da santidade e inocência, o que incentiva o corpo de Cristo à união e à caridade fraterna.

Por isso é que entendemos pertinentes e relevantes as presentes análises, haja vista a necessidade de se resgatar a real centralidade da vida e do culto cristão protestante, qual seja a Santa Ceia, já que somente por meio desse sacramento, pelo poder do Espírito Santo, os crentes são remetidos ao céu, e participam com Cristo de uma antecipação do banquete celestial.

BIBLIOGRAFIA

________________. *A Confissão de Fé de Westminster*. São Paulo: Ed. Cultura Cristã: 2001

CRESPIN, Jean. *A tragédia da Guanabara: a história dos primeiros mártires do cristianismo no Brasil*. Trad. Domingos Ribeiro. São Paulo: CPAD, 2006.

DREHER, Martin N. *A crise e a renovação da igreja no período da Reforma*. São Leopoldo: Sinodal, 1996. (Coleção História da Igreja; v.3)

FARIA, Eduardo Galasso. *João Calvino: textos escolhidos*. Editado por Eduardo Galasso Faria. Tradução: Claude Emmanuel Labrunie, Eduardo Galasso Faria, Maria Antonieta Mota Kanji. São Paulo: Ed. Pendão Real, 2008.

GONZÁLEZ, Justo L. *E até aos Confins da Terra*: uma história ilustrada do Cristianismo. Tradução: Itamir N. De Souza. São Paulo: Vida Nova, 1995e (A Era dos Reformadores, v.6).

__________.______________. Diversos Tradutores. São Paulo: Vida Nova, 1995 (A Era dos Conquistadores, v.7).

__________.______________. Tradução: Carmella Malkomes. São Paulo: Vida Nova, 1995 (A Era dos Dogmas e das Dúvidas, v.8).

__________. *Uma História do Pensamento Cristão*: da Reforma Protestante ao século 20. 1. ed. Tradução: Paulo Arantes, Vanuza Helena Freitas Mattos. São Paulo: Cultura Cristã, 2004c. v.3

HANN, Carl Joseph. *História do culto Protestante no Brasil*. Tradução: Antônio Gouvêa Mendonça. – 2ª Ed. – São Paulo: ASTE, 2011.

LATOURETTE, Kenneth Scott. *Uma história do cristianismo – Volume 2: 1500 – 1975 a.D.*. Tradução: Heber Campos. São Paulo: Hagnos, 2006b. v.2.

LEITH, John H. *A tradição Reformada: Uma maneira de ser comunidade cristã*. Tradução: Eduardo Galasso Faria e Gerson Correia de Lacerda. São Paulo: Ed. Pendão Real, 1997.

LÉONARD, Émile G. *O protestantismo brasileiro*. Tradução: Linneu de Camargo Schützer. 3ed. rev. São Paulo: ASTE, 2002.

LÉRY, Jean de. *Viagem à terra do Brasil*. Tradução e notas Sérgio Milliet; bibliografia Paul Gaffarel; colóquio na língua brasílica e notas tupinológicas Plínio Ayrosa. Belo Horizonte: Ed. Itatiaia, 2007.

MCKIM, Donald K. (editor). *Grandes Temas da Tradição Reformada*. Tradução: Gerson Correia de Lacerda. São Paulo: Associação Evangélica Literária Pendão Real, 1998.

MENDONÇA, Antonio Gouvêa. *O Celeste Porvir: A Inserção do Protestantismo no Brasil.* 3ª ed. São Paulo: Editora da Universidade de São Paulo, 2008.

MENDONÇA, Antonio Gouvêa. VELASQUES FILHO, Prócoro. *Intodução ao Protestantismo no Brasil.* 2ª ed. São Paulo: Edições Loyola, 2002.

PEDRO, Áquilino de. *Dicionário de termos religiosos e afins.* Tradução de Pe. Francisco Costa. – Aparecida, SP: Editora Santuário, 1994.

WALKER, Wiliston. *História da Igreja Cristã*. Tradução: Paulo D. Siepierski. 3ed. São

Paulo: ASTE, 2006.

Printed by Books on Demand GmbH, Norderstedt / Germany